LIV B's VEGAN ON A

超お手軽
ヴィーガン料理

手間もお金もかからないレシピ

112

112 Inspired & Effortless Plant-Based Recipes

LIV B's VEGAN ON A BUDGET

超お手軽
ヴィーガン料理

手間もお金もかからないレシピ

112

112 Inspired & Effortless Plant-Based Recipes

オリヴィア・ビアマン＝著

藤井恵子＝監訳　**清水玲奈**＝訳

NEWTON PRESS

この本について（訳注）

● レシピの分量は，原書『*Liv B's Vegan on a Budget: 112 Inspired & Effortless Plant-Based Recipes*』に記載されている，カナダの分量表記を採用しています。1カップ＝250ml，大さじ・小さじは日本と同様，大さじ1＝15ml，小さじ1＝5mlです。また，ナッツなど固形の材料でも，粒の小さいものやみじん切りしたものは，原書のまま250mlカップと大さじ，小さじで計量した分量表記を採用しています。

● オーブンレンジの設定温度は原書のまま記載していますが，カナダで使用されている一般的な製品は消費電力が1000〜1500Wと日本よりも高いため，つくり方に記載されている温度よりも高い設定にする，加減を見ながら加熱時間を長くするなど，適宜調整してください。

私のYouTubeチャンネル登録者である
ファンのみなさんのおかげで，
私の人生は変わりました。
いつも温かく応援してくださるみなさんに心より感謝し，
この本を捧げます。

オリヴィア・ビアマン

超お手軽 ヴィーガン料理

手間もお金もかからないレシピ

112

112 Inspired & Effortless Plant-Based Recipes

はじめに

　私の一番の楽しみは，料理をすることと食べることです。でも，実はキッチンで長い時間を過ごすのは好きではありません。思い立ったらすぐ，手間をかけずにつくれて最高においしいレシピが私の理想です。そんなわけで，レシピを試すたびに「どうやったらもっとシンプルにできるか」を考えます。無駄に長くて複雑な材料表と，さらに複雑なつくり方のレシピに遭遇すると，料理をする気も失せてしまいます。しかも凝ったレシピには，「お金と時間をかけて試してみても，大失敗に終わるかもしれない」という不安がつきまといます。この本のレシピは，さっと読むだけで，誰でも楽においしいものがつくれるように工夫しています。さらに，わざわざ健康食品店に行かなくても，近所の食料品店で簡単に手に入る材料だけでつくれることにもこだわっています。でも勘違いしないでいただきたいのですが，節約と時短を実現しているからといって，味に妥協していたり，退屈で平凡な結果に満足しているわけではありません。お金や時間をかけなくても，信じられないくらいおいしくてバラエティに富んだヴィーガン料理を楽しむことは，夢ではありません。しかも，おいしく食べているうちに，健康で美しくなれるというおまけつきです。

　私はバランスのとれた生活を送ることをモットーにしています。この本でご紹介する料理も同じく，果物，野菜，穀物，粉類，ナッツやシード類といった基本的な素材でも組み合わせのバリエーションが無限で，いつも飽きることのない新鮮な味が楽しめます。そして私は，スイーツにも目がありません。チョコレートやクッキー，パイ，ケーキなど，どれも大好き。私が生まれ育った家庭では，料理はいつも，お互いへの思いやりを示し，一緒に充実した時間を過ごすための方法でした。祖母から母へ，それから私へと受け継がれてきたレシピをヴィーガンにアレンジしてみなさんにお届けできるのは，何よりの喜びです。この本は，祖母や母に教わった伝統のレシピ，私自身のお気に入りやYouTubeでとくに人気のあるレシピ，失敗から思いがけず出会えた幸運のレシピもあります。

私は独学でヴィーガンに転向し，その結果，人生が大きく変わりました。きっかけは大学1年生のとき，原因不明の消化器の不調に悩まされたことです。1年間，医師にも自然療法士にもかかり，さまざまな検査を受け，除去食を実行しました。不調の原因が乳糖不耐症であることがわかると，まず乳製品をやめることにしました。それから翌年には赤身肉を，続いてすべてのお肉を，ついには魚や卵もやめました。私はゆっくり時間をかけて，ヴィーガンの食生活とライフスタイルに転向したのです。やがて，ヴィーガンは私の人生でとても大切なテーマになり，ますます情熱を傾けるようになりました。

　そして2015年，「Liv's Healthy Life（リヴのヘルシーライフ）」というタイトルの料理ブログとYouTubeチャンネルで，私がいつも食べているものと実際に試した楽しいレシピを公開し始めました。2016年夏に公開した「学校に持っていくヴィーガン弁当のアイデア集（Vegan School Lunch Ideas in a Bento Box）」という動画が大きく拡散され，視聴者数が数千人にまで増えました。チャンネル登録者数は4,000人から数カ月のうちに25万人に増え，私はコミュニケーション学科の最終学年で学位取得を目指すかたわら，フルタイムでYouTuberとして活動するようになりました。現在のチャンネルは「Liv B」というシンプルなタイトルで，登録者は60万人を超え，ヴィーガンの暮らしについてのありとあらゆる内容を発信しています。

　これまでに私が達成できたこと，そして本を出してとっておきのレシピを多くの方に楽しんでもらうという夢が叶ったのは，みなさんのおかげです。私の動画を見てくれた方，レシピを試してくれた方，そして色々なやり方でサポートしてくれたすべての方々に感謝します。この本を手に取った方がおうちのキッチンでレシピを試し，本当においしいヴィーガン料理をつくる喜びを発見してくれたら，とてもうれしいです。

愛を込めて。
──リヴ

さあ，ヴィーガン料理を始めましょう

～おさえておきたい基本知識～

　ヴィーガンになってしばらく経つという人，ただおいしいヴィーガンレシピを試してみたいという人に，この本を使って料理をする際に知っておくと便利な知識をお伝えしておきます。

　この本のレシピを見て「おいしいヴィーガン料理がつくりたい！」と，今すぐにでもキッチンに行きたくなるかもしれません。そうであってほしいのですが，料理を始める前に（ほんのちょっとの辛抱です！），いくつかおさえておきたい基本があります。とくに料理のビギナー，あるいはヴィーガン料理は初めてという人なら，この基本知識を最後まで読んで，レシピに挑戦する前にヴィーガン料理に必要なものをひととおりそろえておくことをおすすめします。私のレシピはどれもわかりやすくてシンプルですから，心配ご無用。ベーシックな準備と知識さえあれば，怖いものなしです。

お金をかけずにヴィーガンを実践するコツ

　今の時代，予算を抑えつつヴィーガン生活を送ることはかなり簡単になりました。さらに，私はヴィーガンになって以来，限られた予算を最大限に生かしながらいつもおいしいものを食べる秘訣を学んできました。そんな私のマイルールを，ここでみなさんにお伝えしましょう。

自分で料理する

　この本があれば簡単です！　レストランでの外食が自分でつくるよりも高くつくのは明らかなこと。おうちで料理して食べれば，楽に節約できますよね。そして，ここでグッドニュースがあります。私は，おうちのキッチンでレストランに匹敵する味を再現することに情熱を注いでいて，この本でもそんなレシピを多数ご紹介しています。たとえば「アボカドフライドトースト」，「メープルカレーソースのペンネ」，「自家製ヴィーガンソーセージのバーベキューソースサンドイッチ」，「辛さがたまらない豆腐と野菜のドラゴン焼きそば」，「ガーリッククルトン入りシーザーサラダ」，「キャラメルソースがけ深皿アップルパイ」を，ぜひお試しあれ。おうちにいながらレストランに行ったような満足感が味わえるはずです。

食材はまとめ買いする

　ナッツ，シード，粉，それに米やキヌアなどの穀物類は，大きな単位で買うほど割安になります。さらには過剰包装や有名企業の高価な商品を避けることも，コスト削減につながります。

定番の材料をさまざまなレシピに使い回す

この本のレシピは限られた材料を使い回しているので，毎回違う食材を買いそろえる必要はなく，これも節約につながります。同じ材料や常備されている材料を使った料理のバリエーションを楽しめば，色々な食品でキッチンがいっぱいになり，結局使い切れずに捨ててしまうという事態も避けられます。

残り物を活用する

残り物は貴重なごちそうです！　何度も使える保存容器を用意して残り物をきちんと保存し，食べ切るようにしましょう。とくに冷凍保存は，食品廃棄を減らすのにとても役立ちます。時間があるときに多めにつくって冷凍しておけば，忙しい日にも手早く料理でき，おいしい食事にありつけます。

キッチンの基本装備と常備したい食材

この本でご紹介するのは初心者でも簡単につくれるように工夫したレシピばかりですが，キッチンにあると便利な調理器具や，常備しておきたい基本の食材をご紹介します。もっとヴィーガン料理がつくりたいと思ったら，ぜひそろえておきたいものばかりです。多機能の道具を選び，手持ちのものを最大限に活用するのが私のポリシー。以下のリストは，この本のレシピで使った調理器具と，私がふだんから常備している食材です。これさえあれば，思い立ったらいつでもおいしいものがつくれます。

調理器具

キッチンで使う道具は最低限にすることを心がけています。とはいえ，良質の調理器具を少しそろえるだけで，ずいぶん料理がしやすくなるのも事実。ここでご紹介するのはこの本のレシピに登場するアイテムですが，それに限らずさまざまな料理やお菓子づくりにはとても便利なものばかりです。

- ブレンダー（標準的なタイプ，またはハイパワー）
- 缶切り
- ハンドミキサー
- フードプロセッサー
- フライパン
- 広口びん（メイソンジャーなど）と食品保存容器
- 大なべ
- 中なべ
- ベーキングトレー
- めん棒
- ゴムベラ
- ざる
- 調理用の木製大型スプーン
- 20cm角の金属製の天板
- 23cm×12.5cmの金属製のローフパン

常備したい定番食材

　食品庫に常備しておきたい定番食材で，この本のさまざまなレシピに登場します。ふと「あのレシピがつくりたい」と思ったときにすぐにとりかかれるように，私はいつも切らすことがありません。

定番の乾物類

- 中力粉（レシピによっては無漂白タイプを使っています。入手できない場合は強力粉と薄力粉を同量ずつ混ぜて代用できます）
- ココアパウダー（無加糖）
- チアシード
- フラックスシード（亜麻仁）パウダー
- ニュートリショナルイースト（栄養酵母）
- ナッツ（カシューナッツ，アーモンド，ピーカンナッツ，くるみ）
- オーツ麦（大粒のオートミール／伝統的なカットオーツ）
- 乾燥パスタ（ペンネ，ファルファッレ，フェットチーネ，スパゲッティー，ラザニア，マカロニ）
- キヌア
- レッドレンティル（赤レンズ豆）
- 米（白米と玄米）
- ごま
- バニラエッセンス

ハーブとスパイス

- チリパウダー
- カレー粉
- 乾燥バジル
- 乾燥オレガノ
- ガーリックパウダー
- シナモンパウダー
- 生姜パウダー
- ターメリックパウダー
- 唐辛子フレーク
- オニオンパウダー
- パプリカ（粉末）
- こしょう
- 塩

常備したい缶詰・びん詰

- アーモンドバター
- ココナッツオイル
- カットトマト缶
- 無調整のココナッツミルク
- 豆（ひよこ豆とブラックビーンズ）
- レンズ豆
- オリーブオイル
- メープルシロップ（100%天然）
- しょうゆ（または，たまりしょうゆ）
- タヒニ（練りごまペースト）
- トマトサルサ
- トマトソース

大切な下準備二つ

　この本のレシピで役立つ下準備が二つあります。豆腐の水切りと，カシューナッツの浸水方法です。両方ともよく登場するので，ここで詳しく手順をご説明しておきます。どちらかが出てくるレシピがあったら，こちらを参照してください。

豆腐の水切り

　豆腐は水に浸した状態でパッケージして売られていて，スポンジのように水を大量に吸い込む性質があります。豆腐を水切りすると味がしみやすくなるうえ，水っぽさがなくなって食感もよくなります。水切りは簡単です。

1. 清潔なふきんをベーキングトレーに敷いた上に，ペーパータオルを2，3枚重ねてのせます。
2. 豆腐のパッケージのきわに包丁で穴を開けて中の水を捨てたら，ペーパータオルの上にのせます。豆腐の上にもペーパータオルを2，3枚のせて，さらにふきんを重ねます。
3. 2の上におもしになるものをのせます（本を使う場合はもう1枚ベイキングトレーを用意してその中に本を入れてからのせれば濡れません）。
4. 常温で30分〜2時間おきます。その後はレシピ通りに料理します。

カシューナッツの浸水

　ソースなどにクリーミーさを出すために，カシューナッツをピュレ状にしてから加えるレシピがよく登場します。カシューナッツを水に浸しておくとやわらかくなり，ブレンダーにかけると簡単になめらかになります。ハイパワーブレンダーがない場合はとくにおすすめです。手順はたったの3ステップです。

1. ボウルにカシューナッツを入れて，かぶるくらいの熱湯を加えます。
2. 常温で最低1時間おきます。12時間までおいて構いません。
3. ざるにあげて水気を切り，あとはレシピ通りに使います。

　時間がない場合は，なべに湯を沸かしてカシューナッツを入れ，10分間ゆでて水気を切れば，あとはレシピ通りに使えます。

おもてなしのメニュー

　レシピ本はめくるだけでも楽しいものですが，ディナーパーティーで用意しやすくおいしい料理の組み合わせや，特別な機会にふさわしいメニューとなると，考えてしまうもの。そこで，この本に登場するレシピを組み合わせた人気メニューを4種ご提案します。家族が集まる祝祭日のディナー，週末のディナーパーティー，親しい友だちとのブランチ，あるいは屋外での夏の食事にぴったりのコースメニュー。どれもふだんと違うごちそうが食べたいときに私がつくるおもてなし料理で，ゲストの太鼓判つきです！

祝祭日のディナー

　家族や親戚が集まるクリスマスやイースターなどの祝祭日のディナーは，ヴィーガンに転向しようと思っている人にとって悩みの種になりがち。というのも，伝統料理には肉や乳製品が大量に使われているからです。ここでご紹介するのは，古くから愛されているごちそうの味をヴィーガンにアレンジしたメニューで，極上のヴィーガンディナーが楽しめます。

- 自家製ヴィーガンソーセージ（37ページ）または豆腐フライのディップ添え（81ページ）
- ふんわり軽いマッシュドポテト（132ページ）
- ヴィーガングレイビー（25ページ）
- ヴィーガンチーズソースをかけたブロッコリー（125ページ）
- にんじんのジンジャーバターソースあえ（122ページ）またはフォトジェニックなロースト野菜（126ページ）
- キャラメルソースがけジンジャーブレッド（215ページ）またはキャラメルソースがけ深皿アップルパイ（209ページ）

週末のディナーパーティー

　みんながテーブルを囲んで座り，ワインを飲みながらおしゃべりを楽しみ，おいしいものを食べて心もお腹も満足できる。それが私の理想のディナーパーティーです。ゲストがヴィーガンでもそうでなくても楽しんでもらえるように，みんなが大好きな定番料理を集めました。

- ガーリッククルトン入りシーザーサラダ（160ページ）
- ヴィーガンチーズのせガーリックブレッド（129ページ）
- レッドペッパーソースのフェットチーネ（182ページ）
- 焼かずに混ぜるだけの一口ブラウニー（208ページ）またはチョコレートとくるみのクッキーバー（206ページ）

親しい友だちとのブランチ

　私は友だちをブランチに招くことがよくあります。朝ごはんは甘いものか塩味のものか，好みが分かれるところ。いつもブランチには両方用意して，みんなが色々な味を少しずつ楽しめるようにしています。

- トロピカルグリーンスムージー（47ページ）
- クリスピーなブレックファーストポテト（67ページ）
- とろけるチョコ入りミニパンケーキ（63ページ）
- ひよこ豆のスクランブル（73ページ）
- 前夜に仕込む極上朝食ミューズリー（52ページ）

夏のアウトドアメニュー

　暑い夏の夜，アウトドアで楽しむのにぴったりのメニューです。「自家製ヴィーガンソーセージのバーベキューソースサンドイッチ」は大人気になるはず。フルーツを使ったおつまみやデザートは，夏らしさを演出してくれます。

- スパイシーマンゴーサルサ（90ページ）
- 5分でできる自家製ワカモーレ（90ページ）
- 自家製ヴィーガンソーセージのバーベキューソースサンドイッチ（164ページ）
- りんごとケールのシンプルサラダ（156ページ）
- チョコがけフルーツ串（98ページ）

レシピに記載されているマーク

　レシピを見わけやすくするために，3種類のマークをつけました。

 グルテンフリー：
このマークはセリアック病などの理由でグルテンを避けたい人にも適したレシピであることを示しています。

 お弁当に最適：
いつも外でランチを食べる人も少なくないはず。お弁当箱やジャーなどに詰めて，学校や職場に持っていくのにぴったりの一品です。

パーティーレシピ：
私の友だちや家族に大好評の味。大人数分でもつくりやすく，そして誰にでも愛される料理やスイーツです。

　以上，私のヴィーガン料理レシピの基本をまとめました。この本を最大限に活用するための参考になればうれしいです。もうひとつアドバイスを加えるとしたら，「真面目になりすぎないで」ということ。料理は試行錯誤がつきもので，すぐにうまくいかないときもありますが，料理上手への道は実践あるのみ。力まず，気負わずにレシピを試せば，きっとヴィーガン料理の面白さにあなたも夢中になるでしょう。さあ，一緒に始めましょう！

常備菜とソース

● カシューナッツミルクのレシピ2種 ●

ナッツミルクの一般的なレシピは，数時間もナッツを水に浸ける必要があるうえ，最後に裏ごししてかすを取り除く作業が面倒なものです。ここでご紹介する2種の時短レシピなら，長時間水に浸けておく必要がないうえ，ごみも出ません。

レシピ1 ● ハイパワーブレンダーを使う場合

2カップ＝500ml 　調理時間：5分＋ナッツを熱湯に浸けておくための1時間

- 生のカシューナッツ　1/2カップ（125ml）
- 熱湯　　　　　　　　1カップ（250ml）
- 冷水　2カップ（500ml。2回に分けて使う）
- メープルシロップ（またはアガベシロップ）
　　　　　　　　　　　　　　　　　小さじ2

1. 中くらいのボウルに熱湯とカシューナッツを入れ，1時間浸します。ざるにあげて水気を切ります。

2. ブレンダーにカシューナッツと冷水1/2カップ（125ml）を入れます。2分間ほど高速で混ぜ，完全になめらかなクリーム状にします。

3. 冷水1と1/2カップ（375ml）とメープルシロップを加え，さらに30秒〜1分間高速で混ぜ，完全になめらかにします。

4. ふたつきのガラスの広口びんに入れます（私のお気に入りはメイソンジャーです）。冷蔵庫で5日間保存できますが，時間が経つと分離するので，使う前によく振ってください。

レシピ2 ● 標準的なブレンダーを使う場合

2カップ＝500ml 　調理時間：5分

- カシューナッツバター（またはアーモンドバター）　　　　　　　　大さじ2
- 冷水　　　　　　　　2カップ（500ml）
- メープルシロップ（またはアガベシロップ）
　　　　　　　　　　　　　　　　　小さじ2

1. ブレンダーにカシューナッツバター（またはアーモンドバター），冷水，メープルシロップ（またはアガベシロップ）を入れます。完全になめらかな状態になるまで，高速で1分間ほど混ぜます。

2. ふたつきのガラスの広口びんに入れます（私のお気に入りはメイソンジャーです）。冷蔵庫で5日間保存できますが，時間が経つと分離するので，使う前によく振ってください。

おいしさのコツ

　つくりたてのカシューナッツミルクは，まだ温かいことがあります。オートミールにかけたりコーヒーに入れたりする場合はそのまま使えますが，ストレートで飲む場合は冷蔵庫で2時間以上冷やすのがおすすめです。

● マリナーラソース ●

マリナーラソースについては，レストランの味を家で再現するのは無理だろうと思い，長い間ちょっと敬遠していました。でも，ある冬の夜ふと思い立って，オリジナルのマリナーラづくりに挑戦してみました。これが大成功で，今では家でおいしいパスタが食べたいときの定番レシピになっています。このソースにフライパンで炒めたズッキーニやマッシュルームなどの野菜を加えてちょっと変化をつけることが多いのですが，ベースはいつも同じ。とても簡単にできて，フレッシュなおいしさが味わえます。

約3カップ＝約750ml 調理時間：20分

• オリーブオイル	大さじ1	• 乾燥バジル	小さじ1
• 玉ねぎ（中） 半分（みじん切りにしておく）		• 塩	小さじ1/2
• カットトマト缶（無塩） 約2缶（796ml）		• 黒こしょう	小さじ1/4
• トマトソース（無塩） 1カップ（250ml）			
• オーガニックきび砂糖	小さじ2	調理器具：ブレンダー	

1. 中くらいのフライパンを中火で熱します。オリーブオイルとみじん切りにした玉ねぎを入れて，ときおりかき混ぜながら5分ほど，玉ねぎが透き通るまで炒めます。

2. 同時に，ブレンダーにカットトマトを入れて5回ほどパルス（断続）運転し，かたまりを少しだけ細かくします。

3. 1のフライパンに，2のトマト，トマトソース，砂糖，バジル，塩，こしょうを加えて混ぜ合わせます。火を弱めの中火にして，よく混ぜながら10分間煮込んで風味のハーモニーを引き出します。

4. できたてをどうぞ。または密閉容器に入れて冷蔵庫で4日間保存できます。

おいしさのコツ

このソースは4カ月間冷凍保存できます。使う前日に冷凍庫から冷蔵庫に移し，一晩〜24時間おいてゆっくり解凍してから，中なべに入れて弱火で10分間，よくかき混ぜながら全体に火が通るように温め直します。

● ヴィーガングレイビー ●

クリスマスなど祝祭日のディナーで忘れてはならないのが，ヴィーガングレイビーです。伝統的なグレイビーは肉汁からつくられるので，ヴィーガンの人はマッシュドポテトに何もかけずに食べることになりかねません。でもこのレシピがあれば大丈夫！　私はいつもこのグレイビーをたくさんつくってディナーに持っていきます。そうすれば，ホストに負担をかけることなく，私もグレイビーをかけたおいしいマッシュドポテトが食べられます。

2カップ＝500ml 調理時間：15分

• ヴィーガンバター	大さじ1	• コーンスターチ	大さじ3
• 玉ねぎ（みじん切り）	1/4カップ（60ml強）	• 水	大さじ3
• 野菜スープストック	2カップ（500ml）	• 塩	適量
• 減塩しょうゆ	大さじ1（お好みで）	• 黒こしょう	適量

1. 中なべにヴィーガンバターを入れて中火で溶かします。玉ねぎを加え，ときおりかき混ぜながら5分ほど，透き通るまで炒めます。

2. 野菜スープストックとしょうゆ（お好みで）を加え，少し煮立たせます。

3. 同時に，小さなボウルかカップにコーンスターチと水を入れて，よく混ぜて溶かします。

4. 2のなべの中身をかき混ぜながら，溶かしたコーンスターチを加えます。火からおろし，すぐに使うか，冷まして密閉容器に入れます。冷蔵庫で2日間保存できます（温め直すときは「おいしさのコツ」を参照してください）。

おいしさのコツ

中なべにグレイビーを入れて中火にかけ，よくかき混ぜながら8分間ほど熱し，全体に再び火を通してなめらかにします。

● オレンジアーモンドバターソース ●

とろりとクリーミーなオレンジアーモンドバターソースは，蒸した野菜やキヌア，ライスヌードル，豆腐にかけるのにぴったりです。これをかけるだけでふだんの料理がグレードアップし，風味豊かな一品に変身。時間をかけずに豪華なディナーができあがります。ゲストが大勢来るときや，翌日以降の分もつくりたい場合は，材料を2倍にします。

1/2カップ＝125mlで約2人分 ♡ 調理時間：5分

- アーモンドバター（クリーミー）
  1/4カップ（60ml強）
- 減塩しょうゆ 　　　　　　大さじ3
- オレンジジュース（粒入りでないタイプ）
  1/4カップ（60ml強）
- ブラウンシュガー 　　　　大さじ3
- スリラチャソース 　　　小さじ1/2

1. 中くらいのボウルにすべての材料を入れ，なめらかでクリーミーになるまで泡立て器でよく混ぜたらできあがり。すぐに使わない場合は，密閉容器に入れて冷蔵庫で1週間保存できます。

クリーミーなフムス風
サラダドレッシング

　賞味期限が迫ったフムスを使い切るのに便利で，手早くサラダがつくりたいときに私がよく用意するドレッシングです。サラダ野菜ときゅうり，トマト，せん切りにんじんだけのシンプルなサラダにかけたり，冷蔵庫の残り野菜を一掃したいときにもぴったりです。このようなレシピを知っていると，食品ロスを防ぐのに大いに役立ちます。

1/2カップ＝125ml 調理時間：5分

- フムス　　　　　　　　1/2カップ（125ml）
- しぼりたてレモン汁　　　　　　　　大さじ1
- メープルシロップまたはアガベシロップ
　　　　　　　　　　　　　　　　　小さじ2
- 水　　　　　　　　　　　　　　　　大さじ2

1. 小さなボウルにすべての材料を入れ，なめらかになるまで泡立て器でよく混ぜたらできあがり。すぐに使わない場合は，密閉容器に入れて冷蔵庫で3日間保存できます。

● タイ風ピーナッツソース ●

　タイ料理にはシーフードなどの動物性原料がたくさん使われているので，タイ料理店でヴィーガンメニューを探すのは至難のわざです。でも，タイ料理風の味付けを家庭でつくるのは，とても簡単。このピーナッツソースは100%植物性ですが，タイ料理独特のすばらしい風味がぎゅっと詰まっています。温めても冷たくてもおいしくて，めん類や揚げ物のソースとして，サラダのドレッシングとして使えるほか，「究極の揚げ焼き豆腐キューブ」（34ページ）にディップとして添えるのにもぴったりです。

1/2カップ＝125mlで約2人分 　♡ 　調理時間：5分

- ピーナッツバター（クリーミー）
  　　　　　　　　　1/3カップ（80ml強）
- 減塩しょうゆ　　　　　　　大さじ3
- ブラウンシュガーまたはメープルシロップ
  （100%天然）　　　　　　大さじ3

- しぼりたてライム果汁　　　　大さじ2
- ガーリックパウダー　　　　小さじ1/4
- スリラチャソース　　　　　小さじ1/2

1. 小さなボウルにすべての材料を入れ，なめらかになるまで泡立て器でよく混ぜたらできあがり。すぐに使わない場合は，密閉容器に入れて冷蔵庫で5日間保存できます。

おいしさのコツ

　ピーナッツバターの代わりにシードバターやタヒニ（練りごまペースト）を使えば，ナッツ不使用のレシピになります。ソースを薄めたい場合は，ぬるま湯を大さじ2加えて再び泡立て器でよく混ぜ，なめらかにします。

● ヴィーガンはちみつマスタードディップ ●

　はちみつのような風味が味わえる万能ディップです。「豆腐フライのディップ添え」（81ペー
ジ）をはじめ色々な楽しみ方ができて，ラップサンドやサンドイッチのパンに塗るのにも最適。
アメリカンフットボールのスーパーボウルTV観戦パーティーを開いたとき，ヴィーガンソーセー
ジロールと一緒にこれを出したところ，あっという間にお皿は空っぽ。友だちから「おかわり！」
という声も聞かれました。

1/2カップ＝125ml　　調理時間：5分

- マヨネーズ（動物性原料不使用）
　　　　　　　　1/4カップ（60ml強）
- ディジョンマスタード　　　　大さじ3

- メープルシロップ（100％天然）またはアガベ
　シロップ　　　　　　　　　　大さじ3

1. 小さなボウルにすべての材料を入れ，なめらかになるまで泡立て器でよく混ぜたらできあが
　　り。すぐに使わない場合は，密閉容器に入れて冷蔵庫で5日間保存できます。

● ライム入りスパイシーマヨネーズ ●

　さわやかな酸味とピリッとした辛味がたまらないマヨネーズです。「パーティーに最高 ブラックビーンズとコーンのタコス」（171ページ）にのせたり，「ケイジャンスパイス風味のポテト」（133ページ）につけたりするのにぴったり。辛さの基準は人によってかなり違い，激辛が好きな人もいますが，このレシピの辛さは控えめです。辛いのが好きな人は，スリラチャソースを多めに入れてください。

1/2カップ＝125ml 　　 調理時間：5分

- マヨネーズ（動物性原料不使用）
　　　　　　　　　　1/2カップ（125ml）
- しぼりたてライム果汁　　　　大さじ1
- スリラチャソースまたはホットソース（唐辛子ソース）　　　　　　　　　　小さじ1

1. 小さなボウルにすべての材料を入れ，なめらかになるまで泡立て器でよく混ぜたらできあがり。すぐに使わない場合は，密閉容器に入れて冷蔵庫で1週間保存できます。

● ヴィーガンチーズソース ●

自慢のヴィーガンチーズソースのつくり方を，みなさんにお届けします。私がチャレンジ開始から気が遠くなるほどの時間を費やしてようやく完成させたレシピで，本物のチーズを使ったチーズソースと同じくらい風味豊かなソースです。さらにうれしいのが，ベースにじゃがいもとにんじんを使っているので伝統的なチーズソースよりもヘルシーなところです。

2カップ＝500ml 調理時間：20分＋ハイパワーブレンダーがない場合はナッツを熱湯に浸けておくための1時間

- 生のカシューナッツ　1/3カップ（80ml強）
- ラセット種のじゃがいも（大）
     1個（男爵いも2個で代用可能。皮をむいて角切りにしておく）
- にんじん（中）1本（皮をむいて刻んでおく）
- 水　　　　　　　　　　　　　　適量
- ニュートリショナルイースト（栄養酵母）
     1/4カップ（60ml強）

- しぼりたてレモン汁　　　　大さじ2（30ml）
- ディジョンマスタード　　　　　小さじ1/4
- 塩　　　　　　　　　　　　　小さじ1/2
- ガーリックパウダー　　　　　　小さじ1/4

調理器具：ハイパワーブレンダーまたは標準的なブレンダー

1. ハイパワーブレンダーがない場合は，カシューナッツをボウルに入れ，かぶるくらいまで熱湯を注ぎ，1時間浸しておきます（詳しくは22ページ参照）。ハイパワーブレンダーを使う場合は，この手順は不要なのでとばしてください。

2. 中なべにじゃがいもとにんじんを入れ，かぶるくらいまで水を注ぎ，強火で12分ほど，やわらかくなるまでゆでます。水気を切って冷水ですすぎ，完全に冷まします。

3. カシューナッツを湯に浸していた場合はざるにあげて水気を切ります。2のじゃがいもとにんじん，カシューナッツ，水1/3カップ（80ml強），ニュートリショナルイースト，レモン汁，ディジョンマスタード，塩，ガーリックパウダーをブレンダーに入れます。1〜2分ほど高速で混ぜ，完全になめらかにします。

4. すぐに使う場合は，中なべにソースを入れて弱めの中火にかけます。5分ほどかき混ぜながら全体に火を通したらできあがりです。保存する場合は，密閉容器か広口びんに入れて冷蔵庫で4日間保存できます。

おいしさのコツ

　カシューナッツを省略して，ナッツ不使用の節約レシピにもできます。その場合は，水の代わりにココナッツミルクを1/3カップ（80ml強）使い，こっくりとクリーミーなソースに仕上げます。

● ヴィーガンリコッタのレシピ2種 ●

　ここでご紹介するヴィーガンリコッタは，通常のリコッタを使うすべての料理に代用できます。「世界的人気のラザニアスープ」（106ページ）にトッピングしたり，ベーグルやクラッカーに塗ったりするほか，「こんがりヴィーガンチーズサンドイッチ」（142ページ）にすればとびきりの味が楽しめます。植物性100%のリコッタのおいしさを誰でも楽しめるように，大豆製品不使用と，ナッツ不使用の2種のレシピをご紹介します。

レシピ1 ● アーモンドリコッタ（ハイパワーブレンダー使用）

約1と1/2カップ＝375ml　　調理時間：5分

- 水　3/4カップ（約190ml。2回に分けて使う）
- アーモンドスリーバード（細長くカットしたアーモンド）　1と1/2カップ（375ml）
- ニュートリショナルイースト（栄養酵母）
  　大さじ2

- しぼりたてレモン汁　　　　　　　大さじ2
- 塩　　　　　　　　　　　　　　小さじ1/2
- ガーリックパウダー　　　　　　小さじ1/8

1. ブレンダーに水1/2カップ（125ml）と水以外の材料をすべて入れ，4分ほど高速で混ぜ，完全になめらかにします。必要ならブレンダーを途中で止めて，上のほうにくっついた分をゴムベラで下の中身とまとめるように入れ直してから再開します。残りの水を，大さじ2ずつ加え，全体がほぼなめらかになり，大きなかたまりがなくなるまでブレンダーで混ぜ続けたらできあがりです。
2. できたてをどうぞ。または密閉容器に入れて冷蔵庫で5日間保存できます。

レシピ2 ● 豆腐リコッタ（標準的なブレンダー使用）

約1と1/2カップ＝375ml 　 調理時間：5分

• もめん豆腐	375g（1丁）	• 塩	小さじ1/2
• ニュートリショナルイースト（栄養酵母）		• にんにく	1かけ
	大さじ3	• オニオンパウダー	小さじ1/2
• しぼりたてレモン汁	大さじ2	• オリーブオイル　大さじ1〜2（分けて使う）	

1. ブレンダーに，オリーブオイル大さじ1と，それ以外の材料をすべて入れます。1〜2分間高速で混ぜ，完全になめらかにします。リコッタチーズのようなテクスチャーになったらできあがりです。全体が混ざりにくければ，さらにオリーブオイル大さじ1を加えて混ぜます。

2. できたてをどうぞ。または密閉容器に入れて冷蔵庫で5日間保存できます。

● 究極の揚げ焼き豆腐キューブ ●

　母のアドバイスで完成したレシピです。かつて豆腐嫌いだった母は，私がカリッと揚げる方法（揚げ焼き）を教えてあげたら何度も挑戦し，今では私以上につくるのが上手になりました。この豆腐はさまざまなヴィーガンレシピにたんぱく質を加えるのに便利です。私の今一番のお気に入りの食べ方は「豆腐のスイートチリ丼」（186ページ）です。

4人分 調理時間：25分

- もめん豆腐　　　　　　375g（1丁）
- コーンスターチ　1/3カップ（80ml強）前後
- 植物油　　　　　　　　　　　　大さじ3

1. 清潔なふきんを折りたたんだ上に，豆腐をのせます。もう1枚の清潔なふきんを折りたたんで上からかぶせ，大なべかフライパンをのせて，5〜10分間水切りをします。

2. ふきんを取りのぞき，豆腐を一口大に切ります。

3. 中くらいのボウルにコーンスターチを入れ，2の豆腐を入れて中で転がし，全体にコーンスターチをまぶします。

4. 大きなフライパンを中火にかけ，油を加えて1分ほど熱し，油の表面が少し揺れるようになったら豆腐を加え，8分ほどこんがりきつね色になるまで揚げ焼きします。裏返してさらに7分間，ときどき転がしながら，全体がこんがりきつね色になるまで火を通します。

5. 熱々のできたてをどうぞ。

おいしさのコツ
　このお料理は揚げ焼きのため温め直しには向かないので，必要な分だけつくるのがおすすめです。材料を半量にしてもおいしくつくれます。

● 自家製グルテンミートのひき肉炒め風 ●

既存の自家製グルテンミートのレシピは，材料表も調理時間も長くなりがちでした。肉の味を植物性の材料だけで出すのはなかなか難しいもの。でも，私のレシピならつくり始めからたったの20分でとてもおいしい自家製グルテンミートが完成！　さまざまな料理にひき肉の代わりとして使えます。「スパイシーな自家製ヴィーガンソーセージのタコス」（167ページ）や私のオリジナルの「ハワイ風ピザ」（175ページ）などに，ぜひお試しください。

4人分　♡　調理時間：20分

- バイタルグルテン（活性たんぱく）　　　　　
　　　　　　　　　　　1カップ（250ml）
- ニュートリショナルイースト（栄養酵母）
　　　　　　　　　　　　　　　　大さじ3
- 塩　　　　　　　　　　　　小さじ1/2
- チリパウダー　　　　　　　　小さじ2

- カイエンペッパー　　　　　　小さじ1/4
- ガーリックパウダー　　　　　小さじ1/4
- 水　　　　　　　　　1/3カップ（80ml強）
- ケチャップ　　　　　　　　　大さじ3
- りんご酢　　　　　　　　　　大さじ3
- 植物油　　　　大さじ4（2回に分けて使う）

1. 中くらいのボウルに，バイタルグルテン，ニュートリショナルイースト，塩，チリパウダー，カイエンペッパー，ガーリックパウダーを入れて，泡立て器でよく混ぜます。

2. 別の小さなボウルを用意し，水，ケチャップ，りんご酢，植物油大さじ2を入れて，泡立て器でよく混ぜます。

3. 2のボウルの中身を1のボウルに入れて，手でよく混ぜ合わせ，ひき肉のような粒状にします（このとき粒を大きいまま残すと硬くてゴムのような食感になるので注意）。

4. 残りの植物油約大さじ2をフライパンに入れて中火にかけ，45秒間熱します。3を入れてかき混ぜながら8分ほど，こんがりと焼き色がつくまで炒めます。すぐに使わない場合は，密閉容器に入れて冷蔵庫で3日間保存できます。

おいしさのコツ

　バイタルグルテンは小麦に含まれる天然のたんぱく質です。ほぼ純粋なグルテンで，食料品店の「自然食品」「オーガニック食品」のコーナーや専門店で見つかります。賞味期限が長い乾燥粉末状の製品で，近くのお店で見つからない場合は，通信販売で簡単に手に入ります。

● 自家製ヴィーガンソーセージ ●

　グルテンミートでできたヴィーガンソーセージです。グルテンミートはセイタンや小麦ミートとも呼ばれ，食肉の代用になるとてもおいしい「植物性のお肉」。そのままだとプレーンな味なので，ソースや調味料でちょっとパンチの効いた味付けにするのがおすすめです。たとえば「自家製ヴィーガンソーセージのバーベキューソースサンドイッチ」（164ページ）は，このソーセージのおいしさが堪能できる楽しいレシピです。

4人分　♡　調理時間：1時間30分

- バイタルグルテン　1と1/2カップ（375ml）
- 乾燥オレガノ　　　　　　　　小さじ1
- 塩　　　　　　　　　　　　　小さじ1/2
- オニオンパウダー　　　　　　小さじ1/2
- ガーリックパウダー　　　　　小さじ1/4
- ニュートリショナルイースト（栄養酵母）
　　　　　　　　　　　　大さじ1（あれば）

- ヴィーガンのチキン風味スープストック，または野菜スープストック（自家製，または市販の固形コンソメやブイヨンでつくる）
　　　　　　　　　　1L（2回に分けて使う）
- タヒニ（練りごまペースト）　　大さじ2
- オリーブオイル　　　　　　　大さじ2

調理器具：20cm×10cmのローフパン

1. オーブンを190℃に予熱しておきます。

2. 大きなボウルにバイタルグルテン，オレガノ，塩，オニオンパウダー，ガーリックパウダー，ニュートリショナルイーストを入れ，泡立て器でよく混ぜます。

3. 中くらいのボウルを別に用意し，スープストック1と1/4カップ（300ml強），タヒニ，オリーブオイルを泡立て器でよく混ぜます。これを2のボウルに加えて全体を混ぜ，ひとまとまりの丸い生地にします。ボウルの中で1分ほどこねて，しっかりした弾力性のある生地にします。手を使って長さ15cm，直径6cmほどの丸太状に形を整えます。

4. ローフパンに入れて，残りのスープストックをかぶるくらいに注ぎ入れます。

5. 予熱しておいたオーブンで40分間焼いたら，中身を裏返してさらに20分間，固まるまで焼きます。型から出して，皿かまな板にのせ，少し冷まします。スープは取り除きます。

6. 温かいソーセージを切って使うか，完全に冷ましてからジッパーつき保存袋に入れて冷蔵庫で4日間，または冷凍庫で3カ月保存できます。冷凍した場合は，使う前日に冷蔵庫に移して一晩かけて解凍させてから，電子レンジの温度を中の設定にして温めます。

● バニラ風味のアーモンドバター ●

　アーモンドバターは，私の色々なレシピに登場する材料です。通常のアーモンドバターを使う
レシピにこのバニラ風味バージョンを使うとスイートな味が楽しめます。「焼きバナナとアーモ
ンドバターのトースト」（61ページ）や「アーモンドバター入り煮りんごボウル」（60ページ），
「ベリースムージーボウル」（48ページ）のトッピングにもお試しください。切ったりんごに添え
れば，健康的で満足感のあるおやつが簡単にできあがり，お弁当のデザートにもぴったりです。

1と1/2カップ＝375ml 調理時間：20分

- 生のアーモンド　　　　3カップ（750ml）
- バニラエッセンス　　　　　小さじ1
- メープルシロップ（100%天然）またはアガ
  ベシロップ　　　　　　　　大さじ1

- バニラビーンズ
  さや1本（使わなくてもよい。あればさや
  をさいて中身を出して使う。「おいしさの
  コツ」参照）

調理器具：フードプロセッサー

1. アーモンドをフードプロセッサーにかけます。2〜3分ごとに必要に応じて中断し，上のほう
   にくっついた分をゴムベラで下の中身とまとめるように入れ直してから再開します。こうし
   て，15分ほどかけて完全になめらかにします（このプロセスは時間がかかりますが，あきら
   めないで！　はじめのうちはかなり硬い感じがしますが，やがて油が出てくると，とろりと
   ゆるめのバターになってきます。この変化が始まるまでに10〜12分くらいかかります）。

2. 1のフードプロセッサーにバニラエッセンス，メープルシロップ，バニラビーンズの中身（使
   う場合）を加えて1分間かけ，全体をよく混ぜます。

3. フードプロセッサーをそのまま10分ほどおいて粗熱をとります。すぐに使わない場合は密
   閉容器に入れて冷蔵庫で2週間保存できます。

おいしさのコツ
　バニラビーンズをさやから出すには，よく切れる包丁でさやを縦に切り，さやの端をまな板に押しつけて
包丁で種をこそげ取り，残りの半分も同じ作業を行います。

● キャラメルソース ●

　祖母が教えてくれたわが家伝統のレシピを少しだけアレンジして，ヴィーガンのキャラメルソースのレシピをつくりました。とびきりのおいしさで，「手早くふんわり 発酵なしのシナモンロール」（201ページ），「キャラメルソースがけ深皿アップルパイ」（209ページ），「キャラメルソースがけジンジャーブレッド」（215ページ）のトッピングにぴったりです。

1と1/2カップ＝375ml　　調理時間：15分

- コーンスターチ 　　　　　大さじ3
- 水 　　　　　　　　　　　大さじ2
- 熱湯 　　　　1と1/2カップ（375ml）
- ブラウンシュガー
　　1/4カップ（60ml強。計量カップに入れたら軽く押し入れて空気を抜き1/4カップをはかる）

- オーガニックのきび砂糖
　　　　　　　　1/4カップ（60ml強）
- モラセス（廃糖蜜）ライト（マイルド）タイプ
　　　　　　　　　　　　　大さじ2
- ナツメグ（粉末） 　　　　小さじ1/8
- バニラエッセンス 　　　　小さじ2
- ヴィーガンバター 　　大さじ1と1/2

1. 小なべにコーンスターチと水大さじ2をに入れ，完全に溶けるまでよく混ぜます。

2. 1に熱湯，ブラウンシュガー，きび砂糖，モラセス，ナツメグ，バニラ，ヴィーガンバターを入れて，よく混ぜます。

3. 中火にかけて軽く煮立たせ，混ぜながら5分ほど，とろみがつくまで煮ます。すぐに使わない場合は密閉容器に入れて冷蔵庫で4日間保存できます。

おいしさのコツ

　ソースを温め直すには，小なべに入れて中火で5分ほど，よく混ぜながら熱します。電子レンジ可の容器に入れて，電子レンジの温度を中の設定にして温めることもできます。その場合もときおり中断して混ぜ，全体を均一に温めます。

朝食とブランチ

いちごとバナナ, オレンジの
さっぱりスムージー

スムージーは朝食にするにはとても便利なメニューです。手早くできて, 栄養満点で, 材料を変えれば毎日違ったバリエーションが楽しめます。このレシピのスムージーは軽いので, 「ひよこ豆のスクランブル」(73ページ) やパンケーキなどに添えるのにぴったりです。

2人分 調理時間：5分

- オレンジジュース　1と1/2カップ (375ml)
- フラックスシード (亜麻仁) パウダー　大さじ2
- 冷凍いちご　　　　　　1カップ (250ml)

- 冷凍バナナ　　　　　　1本分 (適当に刻む)

調理器具：ブレンダー

1. ブレンダーにオレンジジュースを入れます。残りの材料をすべて加え, なめらかな状態になるまで高速で1分間ほど混ぜます。グラス2個に注ぎ入れます。

おいしさのコツ
　もっと飲みごたえのあるスムージーがお好みの方は, プロテインパウダー1回分またはチアシード大さじ2を材料に加えると, 満足感が増して腹持ちがよくなります。

● ワークアウト前の栄養補給にベリースムージー ●

運動前に満腹になるのは避けたいですよね。体が重くならず，なおかつ適量のエネルギーがとれる軽めのスムージーは理想的です。冷凍ミックスベリーは食料品店の冷凍食品コーナーで見つかります。

1人分 🌾 🫙 調理時間：5分

- 水　　　　　　　　　1/2カップ（125ml）
- オレンジジュース　　1/2カップ（125ml）
- チアシード　　　　　　　　小さじ1
- 冷凍ミックスベリー　1/2カップ（125ml）

- 冷凍バナナ　　　　　　1本分（適当に刻む）

調理器具：ブレンダー

1. ブレンダーに水とオレンジジュースを入れます。残りの材料をすべて加え，なめらかな状態になるまで高速で1分間ほど混ぜたあと，グラスに注ぎ入れます。

● ワークアウト後の栄養補給にチョコスムージー ●

私は運動前後のどちらかには必ずスムージーを飲むことにしています。このレシピは，チョコレートアーモンドミルクに加えてチョコレート味のプロテインパウダーを使っていて，濃厚な風味が味わえます。

1人分 🌾 🫙 調理時間：5分

- チョコレートアーモンドミルク
　　　　　　　　　　　　1カップ（250ml）
- ヴィーガンチョコレートプロテインパウダー
　　　　　　　　　　　　　1回分
- フラックスシード（亜麻仁）パウダー　大さじ1

- 完熟バナナ　　　　　　　　　1本
- 冷凍ブルーベリー　　1/2カップ（125ml）
- 冷凍いちご　　　　　1/2カップ（125ml）

調理器具：ブレンダー

1. ブレンダーにアーモンドミルクを入れます。残りの材料をすべて加え，なめらかな状態になるまで高速で1分間ほど混ぜたあと，グラスに注ぎ入れます。

● トロピカルグリーンスムージー ●

グリーンスムージーの人気が出始めた頃，実はちょっと敬遠していました。緑の野菜を入れたスムージーなんて，青くさくておいしくないはずだと思っていたのです。でも，いくつかバリエーションを試してみてこのレシピを完成させ，今では大のお気に入りです。ほうれん草がたっぷり入っていて，トロピカルなカクテルのようなおいしさです。生命感あふれるスムージーを飲めば，体の内側から美しく元気いっぱいになれます！

2人分 調理時間：5分

- ココナッツウォーターまたは水
                1と1/2カップ（375ml）
- チアシード   大さじ1
- サラダ用ほうれん草   1カップ（250ml）
- 冷凍マンゴー（カット） 1カップ（250ml）

- 冷凍ピーチ（スライス）または冷凍パイナップル（カット）   1/2カップ（125ml）
- 完熟バナナ   2本

調理器具：ブレンダー

1. ブレンダーにココナッツウォーターを入れます。残りの材料をすべて加え，なめらかな状態になるまで，高速で1分間ほど混ぜたあと，グラス2個に注ぎ入れます。

おいしさのコツ

このレシピはスムージーボウルに応用できます。生のバナナの代わりに冷凍バナナを使ってとろりとさせ，無加糖のココナッツフレーク大さじ1と生のベリー1/2カップ（125ml）をトッピングしたらできあがりです。

● ベリースムージーボウル ●

　スムージーの口あたりが嫌いだったり，朝食には物足りなくて昼まで腹持ちしなかったり。そんな不満をおもちの方におすすめしたいのが，おいしくて栄養たっぷりなベリースムージーボウルです。食物繊維が豊富なベリーと，チアシードが決め手です。チアシードは食感をよくしてボリュームが増すだけではなく，必須脂肪酸オメガ3（α-リノレン酸）を含んでいます。

2人分 　　調理時間：15分

- りんごジュースまたはオレンジジュース
　　　　　　　　　　　1カップ（250ml）
- 冷凍バナナ　　　2本分（適当に刻む）
- チアシード　　　　　　　　大さじ2
- 冷凍ブルーベリー　1カップ（250ml）
- 冷凍いちご　　　　1カップ（250ml）

トッピング（お好みで）：
- ココナッツシュレッド　　　　適量
- カカオニブ　　　　　　　大さじ2

- スパイスを効かせた自家製ココナッツグラノーラ（51ページ参照）または市販のグラノーラ　　　　　　　　　　適量
- アーモンドバターまたはピーナッツバター
　　　　　　　　　　　　　　適量
- 生のベリー　　　　　　　　適量
- バナナ（スライス）　　　　適量

調理器具：ブレンダー

1. ブレンダーにトッピング以外の材料すべてを入れ，なめらかな状態になるまで，高速で1分間ほど混ぜます。

2. 深皿2個に分けて入れたらできあがり。お好みにより，スプーンで上を平らにしてからトッピングをかけます。

スパイスを効かせた
自家製ココナッツグラノーラ

グラノーラを手づくりするとき，キッチンは至福の香りに包まれます。ピーカンナッツとココナッツを焼くときの香ばしい匂いは，思わずつまみ食いしたくなるほどです。このグラノーラはそのまま食べてもおいしいですし，「ベリースムージーボウル」（48ページ）や「アーモンドバター入り煮りんごボウル」（60ページ）のトッピングにも最適です。

2カップ＝500ml　　調理時間：35分

- 大粒のオートミール
  　　　　　　1と1/2カップ（375ml）
- ピーカンナッツ
  　　　　1/2カップ（125ml。粗みじん）
- 無加糖のココナッツフレークまたはココナッツシュレッド　　1/2カップ（125ml）
- シナモンパウダー　　　　　大さじ1/2

- ココナッツオイル　　　大さじ4（溶かす）
- メープルシロップ（100％天然）またはアガベシロップ　　　　　大さじ4

調理器具：クッキングシートを敷いたベーキングトレー

1. オーブンを180℃に予熱しておきます。

2. 大きなボウルに，オートミール，ピーカンナッツ，ココナッツフレーク（またはココナッツシュレッド），シナモンパウダーを入れて，よく混ぜます。

3. 溶かしたココナッツオイルとメープルシロップを加えてよく混ぜます。

4. クッキングシートを敷いたベーキングトレーに入れて均一に広げ，10分間焼きます。オーブンから出してかき混ぜ，オーブンに戻し，さらに8分ほど，こんがりきつね色になるまで焼きます。ふちが焦げやすいので目を離さないようにしましょう。

5. オーブンから出して20分ほど，ベーキングトレーに入れたまま完全に冷ましたらできあがりです。密閉容器に入れて常温で10日間保存できます。

● 前夜に仕込む極上朝食ミューズリー ●

忙しいときこそ頼りになるのがミューズリー。夜のうちにたった5分で仕込めて，朝起きたときには朝ごはんの準備ができているのはうれしいものです。食べる直前に生のフルーツとナッツバターをトッピングするのが私のお気に入り。「バニラ風味のアーモンドバター」(38ページ)をのせるのもおすすめです。

2人分 ⏱ 調理時間：5分＋冷蔵庫で寝かせておくための8時間

ミューズリー：
- オートミール　　　　　1カップ (250ml)
- チアシード　　　　　　　　小さじ2
- 無加糖の植物性ミルク (カシューナッツミルク (22ページ参照) や市販の豆乳，アーモンドミルクなど)　　1と1/2カップ (375ml)
- メープルシロップ (100％天然) またはアガベシロップ　　　　　　　大さじ2

- レーズン　　　　1/4カップ (約60ml)
- シナモン　　　　　　　　小さじ1/2

トッピング：
- 完熟バナナ　　　　　1本 (スライス)
- 生のベリー　　　　1/2カップ (125ml)
- アーモンドバターまたはピーナッツバター
　　　　　　　　　　　　　　大さじ2

1. 保存容器かふたつきの広口びんに，トッピング以外の材料をすべて入れて混ぜます。ふたをして，冷蔵庫で一晩 (少なくとも8時間) 寝かせます。

2. 深皿2個に入れます (お弁当として持っていくなら容器に入れたままにします)。トッピングのバナナ，ベリー，アーモンドバター (またはピーナッツバター) をのせます。

おいしさのコツ
　このミューズリーは密閉容器に入れて冷蔵庫で3日間保存できますが，トッピングのフルーツは食べる直前にのせるのがおすすめです。

● 一晩寝かせるびん詰めオートミール ●

ほとんど空になったナッツバターのびんの内側に，料理に使うには足りないくらい少しだけ中身がついていて，もったいないと思ったことはありませんか？　そんな悩みを解決してくれたのが，友だちのハンナから教わったアイデアです。今ではナッツバターを使い切るのが待ちきれないくらいお気に入りのレシピです。

1人分　　調理時間：5分＋冷蔵庫に寝かせておくための8時間

- オートミール　　　　　1/2カップ（125ml）
- 無加糖の植物性ミルク（カシューナッツミルク（22ページ参照）や市販の豆乳，アーモンドミルクなど）　　　1/2カップ（125ml）
- チアシード　　　　　　　　　　小さじ1
- シナモンパウダー　　　　　　　小さじ1

- メープルシロップ（100％天然）またはアガベシロップ　　　　　　　　大さじ1

調理器具：375〜500g入りナッツバターのほとんど空になったびん1個

1. ナッツバターのびんにすべての材料を入れてからよくかき混ぜます。ふたをして冷蔵庫に入れ，一晩（8時間まで）寝かせます。食べる前によく混ぜたらできあがりです。

おいしさのコツ

このレシピは，下記のようにフレーバーのバリエーションが楽しめます。

- 一晩寝かせるチョコレートオートミール：上記の材料に，無加糖のココアパウダー大さじ1，追加のナッツバター大さじ1，追加のメープルシロップ（またはアガベシロップ）大さじ1を加えます。
- 一晩寝かせるバニラブルーベリーオートミール：冷凍ブルーベリー1/3カップ（80ml強），バニラエッセンス小さじ1/2，完熟バナナ半分（つぶす）を加えます。
- 一晩寝かせるチョコレートいちごオートミール：いちごジャム大さじ1，ヴィーガンチョコレートチップ大さじ1を加えます。

● ブルーベリーパイ風オートミール ●

　ブルーベリーパイは私が一番好きなお菓子。そこで，ブルーベリーパイの味が楽しめる朝食メニューを考えました（もちろん，レシピを完成させるまで試食を重ねるのも全然苦ではありませんでした）。バニラとシナモンの温かく甘い香りにほっこりできます。冬の朝の食卓に，とくにおすすめです。

2人分 ♡ 調理時間：10分

- オートミール　　　　3/4カップ（約190ml）
- 水　　　　　　　　1と1/2カップ（375ml）
- 冷凍ブルーベリー　　　1カップ（250ml）
- 水　　　　　　　　　　　　大さじ2

- オーガニックきび砂糖　　　大さじ1
- コーンスターチ　　　　　　小さじ1
- シナモンパウダー　　　　小さじ1/8
- バニラエッセンス　　　　小さじ1/4

1. 中なべにオートミールと水1と1/2カップ（375ml）を入れ，オートミールのパッケージの説明通りに煮ます。

2. 冷凍ブルーベリー，水，オーガニックきび砂糖，コーンスターチ，シナモンパウダー，バニラエッセンスを別の小なべに入れて混ぜます。中火で5分ほど，ときおりかき混ぜながら，少しとろみがつくまで煮ます。

3. 1のオートミールをシリアルボウル2個に分けて入れ，2をかけたらできあがりです。

● シナモンとピーチのオートミール ●

　毎年，シナモンとピーチのオートミールがいつでも食べられる季節が待ち遠しくてたまりません。とはいえ真冬でも食べたくなることもあって，そんなときは冷凍ピーチを使っても十分おいしくできます。グラノーラとメープルシロップを少しトッピングすると最高です。

2人分　♡　調理時間：10分

- オートミール　　　　3/4カップ（約190ml）
- 水　　　　　　　　　3/4カップ（約190ml）
- 無加糖の植物性ミルク（カシューナッツミルク（22ページ参照）や市販の豆乳，アーモンドミルクなど）　　3/4カップ（約190ml）
- 桃（適当な大きさに刻む）
  　1カップ（250ml。冷凍の場合は解凍しておく）
- ブラウンシュガー　　　　　大さじ1
- シナモンパウダー　　　　　小さじ1
- バニラエッセンス　　　　　小さじ1/2

トッピング（お好みで）：
- スパイスを効かせた自家製ココナッツグラノーラ（51ページ参照）または市販のグラノーラ　　　　　　　　　　　適量
- メープルシロップ（100%天然）　　　適量

調理器具：ブレンダー

1. 中なべにオートミール，水，ミルクを入れ，オートミールのパッケージの説明通りに煮ます。

2. 桃，ブラウンシュガー，シナモン，バニラエッセンスを加えてよく混ぜます。シリアルボウル2個に分けて入れます。お好みによりトッピングをかけます。

● アーモンドバター入り煮りんごボウル ●

私がこのレシピを思いついたのは，大学1年生の最初の学期中のこと。早朝の授業があり，とくにバスの時間が早かったので，朝食をひと工夫したくなりました。このレシピは前夜のうちにりんごを煮て，アーモンドバターとグラノーラと重ねてメイソンジャーに入れておけば，朝出かける前に電子レンジで手早く温めるだけですむので助かりました。持っていって外で食べるのにうってつけで，バスの中はもちろん，1時間目の教室で食べることもありました（忙しくて食べる時間が遅くなっても，冷めてもおいしいので大丈夫）。週末の朝食には，「クリスピーなブレックファーストポテト」（67ページ）と一緒にゆっくりいただきます。

2人分　　調理時間：15分

- りんご（旭や紅玉など酸味のある品種が理想的）　　3個（皮をむいて粗みじん）
- 水　　　　　　　　　　　　大さじ4
- メープルシロップ　　　　　大さじ1
- シナモンパウダー　　　　　小さじ1
- アーモンドバター　　　　　大さじ4
- スパイスを効かせた自家製ココナッツグラノーラ（51ページ参照）または市販のグラノーラ　　　　1/2カップ（125ml）

1. 中くらいのフライパンにりんごと水を入れて，中火にかけます。ふたかクッキングシートの落としぶたをかけ，ときおり混ぜながら4分ほどやわらかくなるまで煮ます。メープルシロップとシナモンを加えて混ぜ，りんごの表面にまんべんなくからめます。

2. 1のりんごをシリアルボウル，または中くらいのメイソンジャー2個に分けて入れ，アーモンドバターを大さじ2ずつ加えます。グラノーラを1/4カップ（60ml強）ずつ上からかけたらできあがりです。冷蔵庫で翌日まで保存できます。お好みにより，（メイソンジャーならふたをとってから）電子レンジの強設定で45秒〜1分温めてもよいでしょう。

● 焼きバナナとアーモンドバターのトースト ●

アボカドでつくるワカモーレをのせたトーストは大人気ですね。そのスイーツ版ともいえるのがこちらのトーストです。とてもおいしいのでぜひお試しください。バナナをキャラメリゼすると，ほんの少しの手間なのに朝食が極上のごちそうになります。さらにうれしいのが，アーモンドバターのおかげでたんぱく質がとれて腹持ちがいいことです。

2人分 ♡ 調理時間：10分

バナナのキャラメリゼ：
- ヴィーガンバター　　　　　　大さじ1
- ブラウンシュガー　　　　　　大さじ1
- 完熟バナナ　　　　2本（スライスする）
- シナモンパウダー　　　　小さじ1/4

トッピング（お好みで）：
- メープルシロップ（100%天然）　適量
- 無加糖のココナッツフレーク（大）　適量
- カカオニブまたはチョコレートチップ（乳製品不使用）　適量

トースト：
- パン　　　　　4枚（トーストする）
- アーモンドバター　　　　　　大さじ4

1. 大きなフライパンを中火にかけて熱し，ヴィーガンバターを溶かします。ブラウンシュガーを加えて完全に溶けるまで混ぜ続けます。バナナを加え，ときおりかき混ぜながら5分ほど，こんがりきつね色になり表面がくっつくようになるまで熱を入れて，キャラメリゼします。

2. アーモンドバターを，トースト1枚あたり大さじ1くらい（お好みでもっと多めでも）塗ります。キャラメリゼしたバナナをそれぞれのトーストに均等にのせたらできあがり。お好みで，メープルシロップ，ココナッツ，カカオニブをトッピングします。

おいしさのコツ

　ナッツ不使用のレシピにしたい場合は，アーモンドバターの代わりにナッツ不使用のスプレッドをトーストに塗ります。

　アーモンドバターの代わりにヴィーガンチョコレートヘーゼルナッツスプレッドを使うと，チョコレート風味の朝食メニューになります。

● とろけるチョコ入りミニパンケーキ ●

フォンダンショコラの朝食版ともいえる，ゴージャスで贅沢な味わいが楽しめる濃厚なミニチョコレートパンケーキです。ブランチに友人たちを招くときには，すべての材料を2倍にして生のベリーとココナッツホイップクリームを添えます。

ミニパンケーキ10枚＝約2人分 調理時間：10分

- 無漂白の中力粉（強力粉と薄力粉を同量ずつ 混ぜて代用可能） 1カップ（250ml）
- ベーキングパウダー 小さじ1
- オーガニックきび砂糖 大さじ2
- 無加糖のココアパウダー 大さじ2
- 無加糖の植物性ミルク（カシューナッツミルク（22ページ参照）や市販の豆乳，アーモンドミルクなど） 1カップ（250ml）

- ホワイトビネガー 小さじ1
- 植物油 大さじ3（分けて使う）

トッピング（お好みで）：
- メープルシロップ（100%天然） 適量
- 生のベリー 適量
- ココナッツホイップクリーム 適量

1. 大きなボウルに，粉，ベーキングパウダー，砂糖，ココアパウダーを入れてよく混ぜます。

2. 中くらいのボウルに，ミルク，ビネガー，植物油大さじ1を入れてよく混ぜます。これを1のボウルに加え，ざっくりと混ぜて生地をつくります（少しかたまりが残っても大丈夫です）。

3. 大きなフライパンを中火にかけて熱します。油大さじ1を加え，全体に広げます。パンケーキ1枚につき生地を大さじ2ずつ流し入れて焼きます（同時におよそ5枚のパンケーキが焼けるはずです）。1分ほど焼いて，生地の表面に泡が出て弾けるようになり，まわりに焼き色がついたらひっくり返します。裏側は30秒〜1分間，生地のまわりが固まるまで焼いたらフライパンから取り出します。油大さじ1をフライパンに入れ，生地がなくなるまで同様に焼きます。

4. そのままでもおいしいですが，お好みでトッピングをかけてどうぞ。

● クッキードウをのせたパンケーキ ●

　ニューヨークのブルックリンに，チャンプスダイナーというレストランがあり，メニューに「クッキードウパンケーキ」があるそうです（クッキードウはそのまま食べられるクッキー生地のようなユニークな食感のお菓子）。私もいつか現地で味わうつもりで，その日を夢見ています！そんな憧れの味を私なりに想像して完成したのが，パンケーキとクッキードウの出会いが楽しめるこのレシピ。「今日の朝食はオートミールとスムージーでは物足りない」という日に，繰り返しつくりたくなるはずです。

パンケーキ6枚分＝約2人分　　調理時間：20分

- そのまま食べるクッキードウ（212ページ参照）　　　　　　　1/2カップ（125ml）
- 無漂白の中力粉（強力粉と薄力粉を同量ずつ混ぜて代用可能）　　1カップ（250ml）
- ベーキングパウダー　　　小さじ1と1/2
- シナモンパウダー　　　　　　小さじ1/2
- 完熟バナナ　　　　　　1/2本（つぶす）
- 無加糖の植物性ミルク（カシューナッツミルク（22ページ参照）や市販の豆乳，アーモンドミルクなど）　　　　1カップ（250ml）

- ホワイトビネガー　　　　　小さじ1と1/2
- バニラエッセンス　　　　　　　小さじ1
- 植物油　　　大さじ4（分けて使う）

トッピング（お好みで）：
- オーガニックの粉砂糖　　　　　　　適量
- メープルシロップ（100％天然）　　適量

1. 大きなボウルに，粉，ベーキングパウダー，シナモンを入れてよく混ぜます。

2. 中くらいのボウルに，バナナ，ミルク，ビネガー，バニラエッセンス，油大さじ2を入れます。これを1のボウルに加え，ざっくりと混ぜて生地をつくります（少しかたまりが残っても大丈夫です）。

3. 大きなフライパンを中火にかけて熱します。油大さじ1を加え，全体に広げます。パンケーキ1枚につき生地を1/3カップ（80ml強）ずつ流し入れて焼きます（同時におよそ3枚のパンケーキが焼けるはずです）。3分ほど焼いて，生地の表面に泡が出て弾け，まわりに焼き色がついたらひっくり返します。裏側は30秒〜1分間，生地のまわりが固まるまで焼いたらフライパンから取り出します。油大さじ1をフライパンに入れ，生地がなくなるまで同様に焼きます。

4. パンケーキ1枚につきクッキードウを大さじ山盛り1杯ずつのせたらできあがり。お好みでさらに粉砂糖やメープルシロップをかけます。

おいしさのコツ

大人数を招く場合やパンケーキが大好きな方なら，すべての材料を2倍または3倍にしてもつくれます。

クリスピーなブレックファーストポテト

　時間に余裕があってふだんよりも手間をかけた朝食を楽しみたいとき，私はこのブレックファーストポテトをつくります（人を招いてのブランチのメニューにも最適です）。「クリスピーなアボカドのオープンサンド」（71ページ）や「サウスウエスト風スクランブルトースト」（75ページ）に添えると最高です。

2人分　　調理時間：30分

• 水	6カップ（1.5L）	• 塩	小さじ1/2
• じゃがいも（あればレッドポテト。メークインでも代用可能）		• ひきたて黒こしょう	小さじ1/4
		• パプリカ（粉末）	小さじ1/2
	250g（一口大に刻んでおく）	• ガーリックパウダー	小さじ1/4
• オリーブオイル	大さじ2		

1. 大なべにじゃがいもを入れ，ひたひたの水を加えて強火にかけます。沸騰したら中火にして約10分，じゃがいもにフォークがすっとささるけれども割れないくらいのやわらかさになるまでゆでます。ざるにあげて水気を切っておきます。

2. 大きなフライパンを中火で熱します。オリーブオイル，じゃがいも，塩，こしょう，パプリカ，ガーリックパウダーを加えて全体を混ぜ，じゃがいもの表面にまんべんなくまぶします。常に混ぜながら10分ほど，こんがりきつね色になるまで炒めます。熱々をどうぞ。

おいしさのコツ

　このブレックファーストポテトをさらにおいしくするには，塩こしょうとともに別のスパイスを加えます。私が好きな味付けは下記の通りです。

• スパイシーチーズ風味のブレックファーストポテト：チリパウダー小さじ1/2，ニュートリショナルイースト大さじ1を加えます。

• スモーキーなブレックファーストポテト：スモークパプリカ小さじ1/2，唐辛子フレーク小さじ1/2を加えます。

• ガーリックローズマリーのブレックファーストポテト：オニオンパウダー小さじ1/2，ガーリックパウダー小さじ1/4，乾燥ローズマリー小さじ1/4を加えます。

私の定番ブレックファースト
ティービスケット

子どもの頃，母がいつも焼いてくれたのがティービスケット。オーブンから出したばかりの熱々にジャムを塗って朝食にいただくのが，私たち家族は大好きでした。

8枚分 調理時間：20分

- 無漂白の中力粉（強力粉と薄力粉を同量ずつ混ぜて代用可能）　1と1/2カップ（375ml）
- ベーキングパウダー　　　　　　小さじ2
- オーガニックのきび砂糖　　　　小さじ1
- 塩　　　　　　　　　　　　　　小さじ1/4
- 無加糖のアーモンドミルクまたは豆乳　　　　　　　　　　　1/2カップ（125ml）
- ホワイトビネガー　　　　　　　小さじ2

- ヴィーガンバター　　　　　　大さじ3（冷やした状態で使う）
- 溶かしたヴィーガンバター 大さじ2（お好みで）

調理器具：ペストリーブレンダー（あれば），めん棒，ベーキングトレー，ふちに中力粉をまぶした直径7.5cm前後の薄手のグラス

1. オーブンを220℃に予熱しておきます。
2. 大きなボウルに，粉，ベーキングパウダー，砂糖，塩を入れ，泡立て器で混ぜ合わせます。
3. 計量カップにアーモンドミルクとビネガーを入れて混ぜておきます。
4. 2の粉類に冷たいバターを入れて，ナイフ2本かペストリーブレンダーを使い，バターを粉類の中で刻みます。3を大さじ6だけ加えて粉気がなくなるまで混ぜ，少しべたつくけれどもゆるすぎないくらいの生地にします（生地の状態は材料の温度や水分量によって左右されるので，必要なら3をもっと足して調整します）。
5. 生地をボウルの中で3〜4回そっとこねてまとめます。少し粉をふった台やまな板の上に移し，めん棒で厚さ1cmの円形にのばします。用意しておいたグラスを使い，円形に型抜きします。このとき最後に少しひねるようにするときれいにできます。必要に応じてグラスのふちにさらに粉をまぶし，生地がくっつくのを防ぎます。
6. ベーキングトレーに，すきまをあけずにきっちりと2列に並べます。
7. お好みで，ここでビスケットの表面に溶かしバターを塗ると，きれいな焼き色がつきます。
8. 予熱したオーブンで10分間，ふくらんできつね色になるまで焼きます。
9. ベーキングトレーに入れたまま2分間おいて粗熱をとってから，温かいできたてをどうぞ。完全に冷ましてから密閉容器に入れて，常温で2日間，冷蔵庫で4日間保存できます。

おいしさのコツ
　密閉容器に入れて1カ月間冷凍保存できます。食べるときは，冷凍庫から出したら電子レンジに入れ，弱設定で15秒ずつ様子を見ながら，温かいけれども熱すぎない程度にまで温めます（温めすぎると硬くパサついてしまうので注意）。

● クリスピーなアボカドのオープンサンド ●

　私のYouTubeチャンネルで大好評のアボカドフライ。これをさらにおいしく食べられるのがこのオープンサンドです。一口大のアボカドを衣で包み，こんがりきつね色になるまで焼いたフライは，さくさくの衣と，まるでカマンベールチーズのようにとろりとクリーミーな中身のコントラストがたまりません。私の大好物なので，朝食メニューにアレンジしました。クリスピーなアボカドフライのほか，緑の野菜とトマトをたっぷりのせて，風味豊かなカシューナッツクリームソースをかけてどうぞ。

2人分 ♡ 調理時間：40分

アボカドフライ：
- 中力粉（強力粉と薄力粉を同量ずつ混ぜて代用可能）　　　　　　　　大さじ3
- 無加糖の植物性ミルク（カシューナッツミルク（22ページ参照）や市販の豆乳，アーモンドミルクなど）　　　　　　　　大さじ4
- パン粉　　　　　　　1カップ（250ml）
- ニュートリショナルイースト（栄養酵母）
　　　　　　　　　　　　　　　大さじ2
- オニオンパウダー　　　　　小さじ1/4
- 塩　　　　　　　　　　　　小さじ1/4
- 完熟アボカド　　　　　1個（厚切り）

カシューナッツクリームソース：
- 生のカシューナッツ　　1カップ（250ml）
- 水　　　　　　　　1/2カップ（125ml）
- しぼりたてレモン汁　　　　　大さじ2

- ニュートリショナルイースト（栄養酵母）
　　　　　　　　　　　　　　　大さじ2
- 塩　　　　　　　　　　　　小さじ1/2
- ガーリックパウダー　　　　小さじ1/4
- ディジョンマスタード　　　　小さじ1

サンドイッチ：
- イングリッシュマフィン
　　　　　　2個（半分に割ってトーストする）
- ルッコラまたはサラダほうれん草
　　　　　　　　　　　　1カップ（250ml）
- トマト　　　　　　　　1個（スライス）

調理器具：クッキングシートを敷いたベーキングトレー，あればハイパワーブレンダー（「おいしさのコツ」参照）

1. アボカドフライをつくります。はじめにオーブンを190℃に予熱しておきます。

2. 小さなボウルに粉とミルクを入れて，なめらかになるまで泡立て器で混ぜます。

3. 中くらいのボウルにパン粉，ニュートリショナルイースト，オニオンパウダー，塩を入れ，混ぜ合わせます。

（72ページに続きます）

4. アボカドを**2**のボウルにつけてミルクに溶いた粉をよくからめます。余分な衣が落ちるまで待ってから，**3**のボウルに入れて，混ぜ合わせておいた粉類をアボカド全体にまぶし，シートを敷いておいたトレーにのせます。これを繰り返してすべてのアボカドに衣をつけます。

5. 予熱したオーブンで15分間焼き，裏返してさらに10分間，こんがりきつね色になるまで焼きます。

6. アボカドを焼いている間に，カシューナッツクリームソースをつくります。カシューナッツ，水，レモン汁，ニュートリショナルイースト，塩，ガーリックパウダー，ディジョンマスタードをブレンダーに入れます。高速で1〜2分間，なめらかなクリーム状になるまで混ぜます。

7. 割ったイングリッシュマフィンの上に，それぞれの分量が均等になるように，ルッコラ，トマト，アボカドフライの順に具をのせます。上から**6**のソースをかけたらできあがりです。

おいしさのコツ

　ハイパワーブレンダーがない場合は，下準備としてカシューナッツを小さなボウルに入れてかぶるくらいの熱湯を加え，常温で1時間おいたあと，ざるにあげて水気を切ってからブレンダーに入れます。こうするとナッツがやわらかくなり，なめらかなソースに仕上がります。

● ひよこ豆のスクランブル ●

　ヴィーガン料理の定番である豆腐スクランブルの代わりに，アレルギーなどの理由で大豆製品を避けている人でも楽しめるのが，このひよこ豆のスクランブルです。たんぱく質と食物繊維が豊富で，しかも抜群のおいしさ。トーストにのせて「クリスピーなブレックファーストポテト」（67ページ）を添えたり，生野菜とヴィーガンチーズやサルサと一緒にピタパンに詰めたりするのがおすすめです。

2人分　　調理時間：15分

- ニュートリショナルイースト（栄養酵母）
  大さじ1
- チリパウダー　　　　　　　小さじ1/2
- ターメリック　　　　　　　小さじ1/4
- 塩　　　　　　　　　　　　小さじ1/4
- ひきたて黒こしょう　　　　小さじ1/4
- 水　　　　　　　　　　　　　大さじ2
- ひよこ豆の缶詰
  1缶（398ml入りのもの。ざるにあげて水で洗う）

- オリーブオイル　　　　　　　大さじ1
- 白玉ねぎ（黄玉ねぎで代用可能。みじん切り）
  1/3カップ（80ml強）
- にんにく　　　　　　　　　　1かけ
- 緑ピーマン（みじん切り）
  1カップ（250ml）

1. 小さなボウルにニュートリショナルイースト，チリパウダー，ターメリック，塩，こしょう，水を入れ，混ぜ合わせます。

2. 中くらいのボウルにひよこ豆を入れて軽くつぶし，スクランブルエッグのような状態にします。

3. 中くらいのフライパンを中火にかけて熱します。オリーブオイル，玉ねぎ，にんにくを加えて，よく混ぜながら3分間，やわらかくなるまで炒めます。ピーマンを加え，よく混ぜながらさらに2分間，ピーマンが少しやわらかくなるまで炒めます。

4. 3のフライパンに2のひよこ豆を加え，さらに1を注ぎ入れます。よく混ぜながらさらに5分間炒め，余分な水分がなくなったらできあがりです。

● サウスウエスト風スクランブルトースト ●

Pinterest（ピンタレスト）ではさまざまな具材をのせたトーストの写真だけを集めたボードがいくつも見つかります。トーストの新しい味わい方のヒントを見つけようと眺めているうちに，植物性食品のおいしさを1枚のトーストの上にぎゅっと詰め込んだオリジナルレシピを考案したいと思うようになりました。そうしてできあがったのが，サウスウエスト風スクランブルトースト。スモーキーで満足度100％のトーストは，野菜と豆腐がたっぷり積み重なっていて，食べるにはフォークが必須です。ターメリックはきれいな色を出すための材料なので，なくてもつくれます。

2人分 ♡ 調理時間：15分

- オリーブオイル　　　　　　　大さじ1
- 紫玉ねぎ（みじん切り）1/4カップ（60ml強）
- 緑ピーマン（みじん切り）
　　　　　　　　　　1/2カップ（125ml）
- 赤パプリカ（みじん切り）
　　　　　　　　　　1/2カップ（125ml）
- もめん豆腐　　　　　　375g（砕く）
- ニュートリショナルイースト（栄養酵母）
　　　　　　　　　　　　　　　大さじ1

- 塩　　　　　　　　　　　　小さじ1/2
- チリパウダー　　　　　　　小さじ1/2
- スモークパプリカ　　　　　小さじ1/4
- ガーリックパウダー　　　　小さじ1/4
- ターメリック　　小さじ1/4（お好みで）
- 水　　　　　　　　　　　　　大さじ2
- 全粒粉パンのトースト　　　　　4枚
- 生のコリアンダー（みじん切り）
　　　　　　　　　　大さじ2（お好みで）

1. 中くらいのフライパンを中火にかけて熱します。オリーブオイル，玉ねぎ，ピーマン，赤パプリカを入れて3分間，よく混ぜながら，やわらかくなるまで炒めます。豆腐を砕いて加え，さらに3分間，少し焼き色がつくまで炒めます。

2. 同時に，小さなボウルにニュートリショナルイースト，塩，チリパウダー，スモークパプリカ，ガーリックパウダー，ターメリック（お好みで），水を入れて，泡立て器でよく混ぜます。これを1のフライパンに加え，よく混ぜてまんべんなくまぶします。さらに3分間，よく混ぜながら，香ばしい匂いがして焼き色がつくまで炒めます。

3. 2をそれぞれのトーストに同量ずつこんもりとのせます。お好みでコリアンダーをふりかけたらできあがりです。

おいしさのコツ

この豆腐スクランブルは朝食にぴったりのブリトーにもなります。トーストにのせる代わりに，ヴィーガンチーズ，サルサ，ヴィーガンサワークリームと一緒にトルティーヤで巻いてどうぞ。

● 甘くないブレックファーストボウル ●

平日は甘くない朝食を簡単にとるのが好きな私にとって，このブレックファーストボウルは理想的。2倍の量でも簡単につくれるので，冷蔵庫につくりおきしておくと便利です。ソースは食べるときにかけること。またアボカドを使う場合，ソースをかける直前にスライスして加えることがポイントです。

2人分 ♡ 調理時間：25分

ブレックファーストボウル：

- 水　　　　　　　　　　　　　適量
- キヌア　　　　　　1カップ（250ml）
- さつまいも（大）
　　　1本（皮をむいて1.5cmくらいの角切り）
- オリーブオイル　　　　　　大さじ2
- マッシュルーム（薄切り）1カップ（250ml）
- 青ねぎ（小口切り）　1/4カップ（60ml強）
- 塩　　　　　　　　　　　小さじ1/4
- こしょう　　　　　　　　小さじ1/4

タヒニソース：

- タヒニ（練りごまペースト）　大さじ4
- ぬるま湯　　　　　　　　　大さじ3

- しぼりたてレモン汁　　　　大さじ1
- ニュートリショナルイースト（栄養酵母）
　　　　　　　　　　　　　　大さじ1
- メープルシロップ（100％天然）またはブラウンシュガー　　　　　　小さじ2
- 減塩しょうゆ　　　　　　　小さじ1
- にんにく　　　　　　　　　1かけ

トッピング：

- チェリートマト（半分に切る）
　　　　　　　　　　　1カップ（250ml）
- 完熟アボカド（スライスする）
　　　　　　　　　　　　1個（お好みで）

1. ブレックファーストボウルをつくります。まず，キヌアをパッケージの説明通りにゆでます。

2. 1と同時に，中なべに深さ5cmの水を入れ，強火にかけて沸騰させます。蒸し器に入れたさつまいもを5分ほど，フォークがすっと通るくらいのやわらかさになるまで蒸します。

3. フライパンを中火にかけて熱します。オリーブオイル，さつまいも，マッシュルーム，青ねぎ，塩，こしょうを加えてよく混ぜながら5分ほど，マッシュルームがやわらかくなり色づき始めるまで炒め，火からおろします。

4. タヒニソースをつくります。小さなボウルにタヒニ，ぬるま湯，レモン汁，ニュートリショナルイースト，メープルシロップ，しょうゆ，にんにくを入れ，泡立て器で混ぜます。

5. ゆでておいたキヌアと3を，シリアルボウル2個に分けて入れます。チェリートマトとアボカドも同量ずつトッピングし，上からソースをかけます。

おいしさのコツ

　このレシピは色々と応用が可能です。たんぱく質の量を増やすには、**3**のフライパンにマッシュルームを入れるときに、角切りにした豆腐1/2カップ（125mℓ）を加えます。グリーンの野菜を加えたい場合は、食べる直前にサラダほうれん草かアルファルファを散らします。

スナックとおつまみ

おいしさのコツ

できあがった豆腐フライは，シートにのせたまま完全に冷まし，ジッパー付き保存袋か密閉容器に入れて，1カ月間冷凍保存できます。食べるときは200℃に予熱したオーブンに冷凍のまま入れて5分焼き，裏返してさらに5分焼いて温め直します。

● 豆腐フライのディップ添え ●

豆腐フライはたんぱく質が豊富にとれる理想的なおつまみで，さまざまなディップに合います。私のおすすめは「ヴィーガンはちみつマスタードディップ」(29ページ)やケチャップ，それに「ライム入りスパイシーマヨネーズ」(30ページ)。冷凍保存しても完璧においしく食べられるので（「おいしさのコツ」参照），私はいつもまとめてつくり，すぐに冷凍しています。全粒粉パンを砕いたパン粉を使うとおいしそうな色合いになりますが，お好みで普通のパン粉でもつくれます。

4人分 ♡ 調理時間：35分

- もめん豆腐　　　　　　　　　375g（1丁）
- 中力粉（強力粉と薄力粉を同量ずつ混ぜて代用可能）　　　　　1/2カップ（125ml）
- 塩　　　　　　　　　　　　　小さじ1/2
- 黒こしょう　　　　　　　　　小さじ1/2
- パン粉　　　　　　　　　　　1カップ（250ml）
- ニュートリショナルイースト（栄養酵母）
　　　　　　　　　　　　　　　1/2カップ（125ml）

- 無加糖の植物性ミルク（カシューナッツミルク（22ページ参照）や市販の豆乳，アーモンドミルクなど）　　　　1/2カップ（125ml）

調理器具：クッキングシートを敷いたベーキングトレー

1. オーブンを200℃に予熱しておきます。
2. 豆腐を水切りします（16ページ参照）。
3. 豆腐を厚さ1cmに切り，さらに斜めに切って三角形にします。
4. 中くらいのボウルに，粉，塩，こしょうを入れ，泡立て器で混ぜます。
5. 大皿にパン粉とニュートリショナルイーストを入れ，混ぜ合わせます。
6. 別の大皿にミルクを注ぎ入れます。
7. 切った豆腐を一つだけ4のボウルに入れて，表面全体に粉類をまぶします。ミルクに浸し，すぐに6の大皿に入れて押しつけるようにし，パン粉とニュートリショナルイーストをまんべんなくまぶします。シートを敷いておいたトレーにのせます。これを繰り返し，すべての豆腐に衣をつけます。
8. 予熱したオーブンで10分間焼き，裏返します。さらに10分間，こんがりきつね色になるまで焼きます。
9. すぐにお好みのディップを添えてどうぞ。または冷凍保存します（「おいしさのコツ」参照）。

● アボカドフライドトースト ●

「ミレニアル世代は家を買わない。アボカドトーストに財産を使い果たすから」というジョークをよく聞きます。レストランのメニューでは，アボカドトーストは決まってびっくりするくらい高いので，レストランの味に負けないアボカドトーストがおうちでつくれるのはうれしいものです。極上の味の秘訣は，トースト用のパンを揚げること。パンを揚げると，チーズなしでグリルチーズサンドイッチと同じような満足感が味わえます。かりっと揚げた熱々のパンにつぶしたアボカドをのせた自家製アボカドトーストなら，破産しなくても最高のおいしさが味わえます！

1人分 ♡ 調理時間：10分

- エキストラバージンオリーブオイル 大さじ2
- 全粒粉パン 2枚
- 完熟アボカド 1個（つぶす）
- ニュートリショナルイースト（栄養酵母）
  小さじ2
- 塩 適量
- ひきたて黒こしょう 適量
- 唐辛子フレーク 適量（お好みで）

1. 大きなフライパンを中火で熱します。オリーブオイルを加え，フライパンを傾けて全体に広げます。パンを重ねずに並べます。片面2〜3分ずつ，こんがりきつね色になるまで揚げます。

2. パンをフライパンから出して，マッシュしたアボカドを半量ずつのせて広げます。

超簡単でリッチな味わいの 甘塩っぱいポップコーン

　私のYouTubeチャンネルの「おうちで映画を見る夜のスナック」というシリーズでは，ロリポップアイスケーキ，とろけるヴィーガンチーズ入りパン，バッファローチキン風ひよこ豆ピザをご紹介して好評をいただいています。でも，甘さのなかに塩味の効いた定番のポップコーンを忘れていたことに気づき，ぜひこの本でご紹介しなくてはと思いました。とても簡単で，しかもショップで売られている高級ブランドのポップコーンに匹敵する味です。

4人分 調理時間：5分

- ヴィーガンバター　　　　　　　大さじ3
- メープルシロップ（100%天然）　大さじ2
- シーソルト（海塩）　　　　　　小さじ1/4

- ポップコーン（プレーンで無塩のもの）
　　　　　　　　　　　　　　8カップ（2L）

1. 小さなボウルにヴィーガンバター，メープルシロップ，シーソルトを入れます。電子レンジの強設定で15〜20秒，バターが溶けるまで熱します。ボウルの中身を混ぜ合わせます。

2. 大きなボウルにポップコーンを入れます。**1**を上からかけて，全体にまんべんなくからめたらできあがりです（半量ずつに分けてからめたほうが，ムラができにくくなります）。

おいしさのコツ

　分量のポップコーン8カップを自分でポップコーン用とうもろこし種からつくる場合は，種を1/4カップ（60ml強）ほど使います。
　塩チョコレート味のポップコーンにするには，バターを溶かしたあとに，**1**のボウルにココアパウダーを小さじ1加えます。

● ヴィーガンチーズがとろけるホットナチョス ●

　ナチョスは私の大好きなパーティー料理。このナチョスはヴィーガンでない友だちにも大好評なのがうれしいところです。トルティーヤチップスにヴィーガンチーズソースをからめてつくる熱々のナチョスは，とまらないおいしさ。カーニバルや映画館で味わうナチョチーズ（とろけるチーズソースにトルティーヤチップスをディップして食べるスナック）を思い出させてくれる味です。

4人分　 　調理時間：20分

- トルティーヤチップス　　　1袋（295g）
- ヴィーガンチーズソース（31ページ参照）またはヴィーガンチーズ（シュレッド）
　　　　　　　　　　　　1と1/2カップ（375ml）
- リフライドビーンズ（豆を揚げてペースト状にしたメキシコ料理の定番）の缶詰（ラード不使用のもの）　　　　　1缶（398ml）
- 緑ピーマン　　　　大1個（細切り）
- 赤パプリカ　　　　　1個（細切り）
- 紫玉ねぎ（みじん切り）1/2カップ（125ml）
- 青唐辛子　　1本（種を取り除いて薄切り）

- コリアンダー　　　　　適量（お好みで）
- 5分でできる自家製ワカモーレ（90ページ参照）または市販のワカモーレ
　　　　　　　　　　　　1と1/2カップ（375ml）
- 自家製または市販のトマトサルサ
　　　　　　　　　　　　　1カップ（250ml）
- ヴィーガンサワークリーム　適量（お好みで）

調理器具：クッキングシートを敷いたベーキングトレー

1. オーブンを190℃に予熱しておきます。

2. シートを敷いておいたトレーに，トルティーヤチップスを重ならないように並べます。チーズソースの半量，またはチーズ3/4カップ（約190ml）を上からふりかけます。その上からリフライドビーンズをたっぷり塗ります。ピーマンとパプリカ，玉ねぎを全体に散らし，さらに残りのチーズソースまたはチーズをかけます。予熱したオーブンで約10分間，チーズが熱で溶けてわずかに泡立つくらいまで焼きます。常に見張ってトルティーヤチップスが焦げないようにします。

3. オーブンから出して，お好みでコリアンダーを散らします。ディップ用にワカモーレ，トマトサルサ，お好みでヴィーガンサワークリームを別皿に添えて，熱々をどうぞ。

おいしさのコツ
　リフライドビーンズは比較的手に入りやすいですが，ラードが入っている製品もあるので注意が必要です。缶詰を買う前に，原材料名を確認してください。

● メープルシナモン味のピーカンナッツ ●

オートミールや,「いちごとほうれん草のサラダ バターミルク風ドレッシング」(147ページ)のトッピングにぴったりの甘いピーカンナッツです。砂糖がけナッツのレシピは焼き時間が長くなりがちですが,このレシピならオーブンいらずで10分もかからずにできあがるので,食べたくなったらいつでも手品みたいにつくれます！

1と1/4カップ＝約300ml   調理時間：8分

- メープルシロップ(100%天然)　　大さじ1
- ブラウンシュガー　　　　　　　大さじ1
- シナモンパウダー　　　　　　小さじ1/4
- ヴィーガンバター　　　　　　　小さじ2
- ピーカンナッツ　1と1/4カップ(約300ml)

- 塩　　　　　　　　　　　　　小さじ1/8

調理器具：クッキングシートを敷いたベーキングトレー

1. メープルシロップ,ブラウンシュガー,シナモンを小さなボウルに入れ,泡立て器でなめらかになるまで混ぜます。

2. 中くらいのフライパンを中火にかけて熱します。ヴィーガンバターを入れて溶かし,フライパンを傾けて全体に広げます。ピーカンナッツを加え,ときおり混ぜながら2分間焼き,軽く焼き色をつけます。

3. 1を2のフライパンに加え,1分ほど混ぜ続けてピーカンナッツ全体にからませます。

4. シートを敷いておいたトレーに,ピーカンナッツを重ならないように並べます。全体に塩をふり,完全に冷まします。密閉容器に入れて冷暗所で2週間保存できます。

● スパイシーマンゴーサルサ ●

　パーティーを自分で開くときも，パーティーに招かれたときの持ち寄り料理としても理想的なレシピです。前日につくっておくこともできるのが便利。しかも，少しおいて味がなじんだほうがおいしくなります。

約3カップ＝750ml   調理時間：10分

- 生のマンゴー（1cmくらいの角切り）
　　　　　　　　1と1/2カップ（375ml）
- トマト（5mmくらいの角切り）
　　　　　　　　1カップ（250ml）
- 赤パプリカ　　　1個（みじん切り）

- 青唐辛子　　　　1本（種を取り除いて薄切り）
- 紫玉ねぎ（みじん切り）1/3カップ（80ml強）
- しぼりたてライム果汁　1/4カップ（60ml強）
- 生のコリアンダー
　　　　　　　　1/4カップ（60ml強。お好みで）

1. すべての材料を中くらいのボウルに入れて混ぜたらできあがり。密閉容器に入れて冷蔵庫で3日間保存できます。

● 5分でできる自家製ワカモーレ ●

ワカモーレって理屈抜きにおいしいですよね。しかもこのレシピなら5分でできるんです！

1と1/2カップ＝375ml   調理時間：5分

- 完熟アボカド　　　大2個（半分に切る）
- しぼりたてライム果汁　　　　　大さじ2

- 塩　　　　　　　　　　　　小さじ1/4
- ひきたてこしょう　　　　　小さじ1/4

1. 中くらいのボウルにアボカドを入れます。だいたいなめらかになって少しかたまりが残るくらいまで，フォークでつぶします。ライム果汁，塩こしょうを加え，混ぜ合わせたらできあがりです。

おいしさのコツ
 ワカモーレにみじん切りの紫玉ねぎ1/4カップ（60ml強）と角切りのトマト1/2カップ（125ml）を加えると，歯応えがあってさらに風味豊かなディップになります。

● チョコレートチアシードプディング ●

　チョコレートプディングは，子どもの頃よく食べた懐かしいおやつです。大人になってチアシードを発見し，さらにそれを使ったチアプディングに出会いました。ブレンダーにかけてなめらかにしたチョコレートチアプディングは，子どもの頃に好きだったチョコレートプディングに味も食感もそっくりなのが，うれしい驚きでした。さらに生のベリーやココナッツホイップクリームをトッピングすると，最高のスイーツになります。

4人分　　調理時間：10分＋冷蔵庫でふやかすための6時間

- 無加糖の植物性ミルク（カシューナッツミルク（22ページ参照）や市販の豆乳，アーモンドミルクなど）　1と1/3カップ（325ml）
- チアシード　　　　　　　　　大さじ4
- 無加糖のココアパウダー　　　大さじ4
- メープルシロップ（100％天然）　大さじ4
- バニラエッセンス　　　　　　小さじ1/4

トッピング（お好みで）：
- 生のベリー　　　　　　　　　　適量
- ヴィーガンチョコレートチップス　適量
- ココナッツホイップクリーム　　適量

調理器具：ブレンダー

1. 密閉容器にミルク，チアシード，ココアパウダー，メープルシロップ，バニラエッセンスを入れ，泡立て器で混ぜます。ふたをして冷蔵庫で一晩（6時間以上）寝かせます。

2. ブレンダーに移し，高速で1〜2分，なめらかになるまで混ぜます（「おいしさのコツ」参照）。

3. シリアルボウル4個に分けて入れたらできあがり。または密閉容器に入れて冷蔵庫で3日間保存できます。お好みで生のベリー，ヴィーガンチョコレートチップス，ココナッツホイップクリームをトッピングします。

おいしさのコツ
　硬めで歯応えのある食感にしたい場合は，ブレンダーにかける手順を省いてつくるとよいでしょう。なめらかなプディングが好きな方（私も含めて多数派のようです）は，ブレンダーにかけると，とろりとクリーミーな食感が楽しめます。

ヴィーガンチーズスプレッドの
おつまみボード

　ディナーパーティーのおつまみボードに必須のスプレッドです。ディナーパーティーのとき，私は必ず果物や野菜，クラッカー，自家製チーズとヴィーガンミートをのせたボードをつくります（そのつくり方の動画はもちろんクリスマスなどのパーティーシーズンに大人気になりました！）。ここで披露するのは，ベーシックなヴィーガンチーズスプレッドのレシピ。さらに，パーティーにお試しいただきたいおつまみボードのアイデアもご紹介します。

1と1/4カップ＝約300ml 調理時間：20分＋浸しておくための1時間

スナックボード用：	
• 生のカシューナッツ	
1と1/2カップ（375ml）	• ベリー類（いちごやブルーベリーはとくにおすすめです）　適量
• 水　約大さじ3	
• オリーブオイル　大さじ2	• いちじく　適量
• しぼりたてレモン汁　大さじ2	• クラッカー　適量
• ニュートリショナルイースト（栄養酵母）	• ヴィーガンチョコレート　適量
1/4カップ（60ml強）	• アーモンド　適量
• ガーリックパウダー　小さじ1/4	• くるみ　適量
• 塩　小さじ1/4	• チェリートマト　適量
• こしょう　小さじ1/4	• きゅうり（薄切り）　適量
	• にんじん（薄切り）　適量
	• ピーマンやパプリカ（細切り）　適量

調理器具：フードプロセッサーまたはハイパワーブレンダー

1. ヴィーガンチーズスプレッドをつくります。カシューナッツを，かぶるくらいの熱湯に1時間浸します。ざるにあげて水気を切ります。

2. フードプロセッサーに1のカシューナッツとほかの材料をすべて入れて4〜5分，とろりとなめらかになるまで混ぜます。必要に応じて途中で止めて，上のほうにくっついた分をゴムベラでこそげ落としてから再開します。

3. 2を小鉢に移します。お好みの材料を合わせてスナックボードをつくり，小鉢をのせます。

おいしさのコツ
　チーズスプレッドはつく
りおきができます。密閉容
器に入れて，冷蔵庫で4日
間保存できます。

● ドライトマトとほうれん草のロールパイ ●

このロールパイはパーティーにぴったりの究極のフィンガーフード。思わず全部自分で食べた
くなるおいしさです。クリーミーなチーズ風味とほうれん草のコントラストが最高。オーブンを
予熱する間に材料を混ぜてフィリングをつくり，パフペストリーに塗って巻いて切って焼くだけ
なので，とてもすばやく簡単にできます。

10個 調理時間：20分

フィリング：
• ヴィーガンクリームチーズ
　　　　　　　　1/2カップ（125ml）
• オイル漬けサンドライトマト（オイルを切っ
　て粗みじん）　　　1/2カップ（125ml）
• ガーリックパウダー　　　　小さじ1/4
• 乾燥バジル　　　　　　　　小さじ1/2
• ヴィーガンパルメザンチーズ　　大さじ4
• サラダほうれん草　1/2カップ（125ml）

ペストリー：
• ヴィーガンパフペストリー（動物性原料不使
　用の市販のパイシートで代用可能。22cm×
　30cm）　　　　　　　　　　1シート

調理器具：クッキングシートを敷いたベーキ
　　　　　ングトレー

1. オーブンを190℃に予熱しておきます。

2. ボウルにフィリングの材料をすべて入れて混ぜます。

3. 台かまな板の上にパフペストリーを横長におきます。**2**を均等にのばします。円筒形になる
　ように，フィリングを入れ込みながら手前から巻いていきます。巻き終えたら厚さ約3cm
　の10枚のスライスに切り分け，シートを敷いておいたトレーに5cm間隔で並べます。

4. 予熱したオーブンで12分以上，こんがりきつね色になりふくらむまで焼きます。オーブン
　から出し，トレーにのせたまま5分間おいて粗熱をとったらできあがりです。

おいしさのコツ
　フィリングは前日に用意し，密閉容器に入れて冷蔵庫に入れておくことができます。食べる直前にパフペ
ストリーで巻いて焼きます。

● チョコがけフルーツ串 ●

　果物をチョコレートにディップするのは大人気ですね。私はまずいちごからトライして，今ではどんな果物にもチョコレートをたっぷりかけて食べるのが好きになりました。このチョコがけフルーツ串は，女性の友だちを招いてワインとおつまみの気軽なパーティーを開くときに欠かせません。食べやすくてシェアするのにぴったりなデザートです。

10本 調理時間：15分＋冷蔵庫で冷やすための30分

- ヴィーガンチョコレートチップ
　　　　　　　　3/4カップ（約190ml）
- ココナッツオイル　　　　　小さじ1
- バナナ　　　　1本（縦半分に割る）
- プラム　　1個（種を取り除いて四つに切る）
- チェリーまたはいちご（へたは残しておく）
　　　　　　　　　　　　　　　4個

トッピング（お好みで）：
- カラースプレー（動物性原料不使用）　適量
- 砕いたピスタチオナッツ　　　　適量
- チアシード　　　　　　　　　　適量
- ココナッツシュレッド　　　　　適量
- シーソルト（海塩）　　　　　　適量

調理器具：クッキングシートを敷いたベーキングトレー，竹串

1. 耐熱ガラスかセラミックのボウルにチョコレートチップとココナッツオイルを入れます。強設定で20〜30秒間電子レンジにかけ，やわらかくしてから混ぜる手順を，チョコレートが溶けてなめらかになるまで繰り返します。このとき，よく混ぜることでチョコレートがムラなく溶けるようにし，加熱しすぎて焦がすことのないように注意します。

2. 切っておいたバナナとプラムに串をさします。真ん中までチョコレートにディップし，余分なチョコレートが垂れるまで待ってからシートを敷いておいたトレーに並べます。すぐにトッピングをふりかけます。チェリーまたはいちごも同様に行います。

3. 冷蔵庫で30分以上，チョコレートが固まるまで冷やしたらできあがり。6時間までそのまま冷蔵保存できます。

● マグでつくるチョコチップバナナブレッド ●

バナナブレッドを1本焼くほどの時間はないけれど，ふと食べたくなって，一人分だけさっとつくれたらいいのにと思うことがよくありました。そこで誕生したのがマグカップでつくるバナナブレッド。たった5分でできて，洗い物もマグ1個ですむのがうれしいところです。

1人分 ♡ 調理時間：5分

- 中力粉（強力粉と薄力粉を同量ずつ混ぜて代用可能）　　　　　　　　　大さじ4
- オーガニックきび砂糖　　　　　　大さじ2
- ベーキングパウダー　　　　　小さじ1/4
- 植物油　　　　　　　　　　　　大さじ1
- 完熟バナナ（中）　　　　半分（つぶす）

- 無加糖の植物性ミルク（カシューナッツミルク（22ページ参照）や市販の豆乳，アーモンドミルクなど）　　　　　　　　大さじ3
- チョコレートチップ（動物性原料不使用）　　　　　　　　　　　　　　大さじ1

1. 大きなマグカップに粉，砂糖，ベーキングパウダーを入れて混ぜます。残りの材料を加え，底までこそげ，粉っぽさがなくなりなめらかになるまで全体をよく混ぜます。

2. 電子レンジの強設定で1分半以上加熱し，真ん中に竹串をさしてみて何もついてこなくなったらできあがりです。

おいしさのコツ

　焼き加減は表面を見ただけではわからないので気をつけましょう。加熱時間は電子レンジのワット数によって左右されます。また，電子レンジでは中央が先に加熱されるので，表面を見ただけでは，中は焼けているのにまだ焼き足りないように見えることがあります。必ず竹串をさして確かめて，バナナブレッドが焼きすぎや生焼けになるのを防ぎましょう。

● スニッカードゥードル風マグケーキ ●

私のTouTubeチャンネルによく登場するのがマグケーキ。一番人気はチョコレートマグケーキで，視聴回数は200万回を超えています。そして，ちょっと複雑な味わいを楽しみたいときに私がつくるとっておきがこのマグケーキです。「スニッカードゥードル」とは，一言でいうとシナモンシュガーバタークッキーのケーキ版といったお菓子。私のレシピはもちろんヴィーガンです。

1人分 ♡ 調理時間：5分

- 中力粉（強力粉と薄力粉を同量ずつ混ぜて代用可能）　　　　　　　　大さじ4
- オーガニックきび砂糖　　　　　　大さじ3
- シナモンパウダー　　　　　　　　小さじ1/2
- ベーキングパウダー　　　　　　　小さじ1/4
- 無加糖の植物性ミルク（カシューナッツミルク（22ページ参照）や市販の豆乳，アーモンドミルクなど）　　　　　　　　大さじ4

- 植物油　　　　　　　　　　　　　大さじ2
- バニラエッセンス　　　　　　　　小さじ1/4
- ヴィーガンバニラアイスクリームまたはココナッツホイップクリーム　　適量（お好みで）

1. 大きなマグカップに粉，砂糖，ベーキングパウダーを入れて混ぜます。残りの材料を加え，底までこそげ，粉っぽさがなくなりなめらかになるまで全体をよく混ぜます。

2. 電子レンジの強設定で1分15秒以上加熱し，真ん中に竹串をさしてみて何もついてこなくなったら焼きあがりです。電子レンジから出して1分間，粗熱をとってからどうぞ。

3. お好みでアイスクリームかココナッツホイップクリームをスプーン1杯のせます。

おいしさのコツ

　焼き加減は表面を見ただけではわからないので気をつけましょう。電子レンジでは中央が先に加熱されるので，表面を見ただけでは中は焼けているのにまだ焼き足りないように見えることがあります。必ず竹串をさして確かめて，ケーキが焼きすぎや生焼けになるのを防ぎましょう。加熱時間は電子レンジのワット数によって左右されます。

スープとサイドディッシュ

● 世界的人気のラザニアスープ ●

　2年前，私はYouTubeチャンネルで「なまけたい日のためのヴィーガンレシピ」という動画を配信しました。その中でとりあげたのがラザニアスープ。動画は大ヒットし，世界中の人たちが驚異的に簡単でおいしいこのスープのとりこになりました。ラザニアみたいな味ですが，なべ一つで，しかもたった30分でできます。まるで手品です！

4人分　♡　調理時間：40分

- オリーブオイル　　　　　　　大さじ1
- 玉ねぎ　　　　　　1/2個（みじん切り）
- 赤パプリカ　　　　　1個（粗みじん）
- マッシュルーム（みじん切り）
　　　　　　　　　　　1カップ（250ml）
- 自家製マリナーラソース（24ページ参照）
　または市販品　2と1/2カップ（625ml）
- 野菜スープストック（自家製または市販の固形コンソメやブイヨンでつくる）
　　　　　　　　3と1/2カップ（875ml）

- 乾燥ブラウンレンズ豆　1/2カップ（125ml）
- ラザニア用乾燥パスタ　8枚（一口大に割る）
- サラダほうれん草　　　1カップ（250ml）
- 自家製ヴィーガンリコッタ（32ページ参照）
　またはヴィーガンチーズ（シュレッド）
　　　　　　　　　　　1/2カップ（125ml）
- 生のイタリアンパセリ（みじん切り）
　　　　　　　　　　　　適量（お好みで）
- ひきたて黒こしょう　　適量（お好みで）

1. 大なべを中火で熱します。オリーブオイル，玉ねぎ，赤パプリカ，マッシュルームを入れてよく混ぜながら5分ほど，玉ねぎが透き通るくらいまで炒めます。

2. マリナーラソース，野菜スープストック，レンズ豆，パスタを加えて混ぜ合わせます。弱火にして25分ほどかき混ぜながら，レンズ豆とパスタがやわらかくなるまで煮ます。

3. ほうれん草を加えて混ぜ合わせます。スープと具をレードルでスープ用4皿に均等に盛り，リコッタチーズかヴィーガンチーズを大さじ山盛り2杯ずつのせたらできあがり。お好みでパセリとこしょうをかけます。

おうちでつくるテイクアウトの味
ココナッツ入りタイカレースープ

　私はテイクアウトの料理を自宅で再現するのが大好き。YouTube チャンネルでもそんな料理のレシピをたくさん公開しています。お金が節約できて，しかもお店で買うよりヘルシーです。このタイカレースープは，定番のタイ料理の中で私が決まって注文するイエローカレーにヒントを得ています。

4人分 調理時間：30分

- ココナッツオイル　　　　　大さじ2
- にんにく　　　　　　　　　2かけ
- 細ねぎ（小口切り）　1/2カップ（125ml）
- 赤パプリカ　1カップ（250ml。粗みじん）
- ブロッコリー（小房に切る）
　　　　　　　　　　　1カップ（250ml）
- にんじん（中）　　1本（みじん切り）
- タイイエローカレーペースト
　　　　大さじ3（「おいしさのコツ」参照）

- おろし生姜　　　　　　　　小さじ1/2
- 野菜スープストック（自家製または市販の固形コンソメやブイヨンでつくる）
　　　　　　　　　　　2カップ（500ml）
- 水　　　　　　　　　1カップ（250ml）
- ココナッツミルク（無調整）　1缶（398ml）
- ブラウンシュガー　　　　　大さじ3
- 米粉麺（細いタイプ）　　　125g

1. 中なべを中火で熱します。ココナッツオイルを加え，軽く泡が立ったらにんにくと細ねぎを加え，よく混ぜながら3分間，にんにくが色づき始めるくらいまで炒めます。ピーマンとブロッコリーとにんじんを加えて3～4分，ときおり混ぜながら，野菜が少しやわらかくなるまでさらに炒めます。

2. カレーペースト，生姜，スープストック，水，ココナッツミルク，ブラウンシュガーを加え，カレーペーストが完全に溶けるまで混ぜます。弱火にして10分間，ときおり混ぜながら，スープに少しとろみがつくまで煮ます。

3. 2と同時に，別の中なべで米粉麺をパッケージの説明通りにゆでます。

4. 2のカレーのなべに3を入れ，混ぜたらできあがり。スープ用4皿に均等に盛りつけます。

● チーズ風味の野菜スープ ●

このスープはクリーミーで満足感たっぷり。しかも野菜がたくさん入っているのでヘルシーなのがうれしいところです。「ヴィーガンチーズのせガーリックブレッド」（129ページ）を添えるか，かりっとした歯応えが楽しめる自家製クルトンを浮かべるのがおすすめ。クルトンのレシピは「ガーリッククルトン入りシーザーサラダ」（160ページ）をご覧ください。

4人分 調理時間：30分

- オリーブオイル　　　　　　　　大さじ2
- 玉ねぎ（直径約7.5cm）　1個（みじん切り）
- カリフラワー（小さめ）1個（小房に分ける）
- じゃがいも（中）　1個（皮をむいて角切り）
- にんじん　　　　　　　　2本（角切り）
- 無塩の野菜スープストック（自家製または市販の固形コンソメやブイヨンでつくる）
　　　　　　　　　　　　　　4カップ（1L）

- ニュートリショナルイースト（栄養酵母）
　　　　　　　　　　　　　　　大さじ3
- りんご酢　　　　　　　　　　小さじ1
- 塩　　　　　　　　　　　　　小さじ1
- ガーリックパウダー　　　　小さじ1/2
- 黒こしょう　　　　　　　　小さじ1/2

調理器具：ブレンダーまたはハンドブレンダー

1. 大なべを中火で熱します。オリーブオイルと玉ねぎを加え，よく混ぜながら5分間，玉ねぎが透き通るくらいまで炒めます。

2. カリフラワー，じゃがいも，にんじん，スープストックを加えて強火にします。沸騰したら弱めの中火にして10〜15分，野菜がやわらかくなるまで煮ます。

3. ニュートリショナルイースト，りんご酢，塩，ガーリックパウダー，こしょうを加えて混ぜ合わせたら，粗熱をとります。

4. スープを何回かに分けてブレンダーにかけます。高速で約1分ほど，なめらかになるまで混ぜます（またはなべの中身をそのままハンドブレンダーを使ってなめらかにします）。

5. （必要に応じて）スープをなべに戻し，弱めの中火で5分間，ときおり混ぜながら全体を温めたらできあがり。スープ用4皿に盛りつけます。

● 東海岸風チャウダー ●

子どもの頃よくシーフード入りのチャウダーを食べたものですが，はっきりいってこのレシピのチャウダーはさらにおいしいと思います。コーンが甘味を加え，じゃがいものおかげでクリーミーな舌触り。私にとってはこの上なく満足できる味です。

4人分 調理時間：45分

- じゃがいも（大）
  5個（皮をむいて一口大に切る）
- ヴィーガンバター　大さじ3（2回に分けて使う）
- 玉ねぎ（中）　　　　1/2個（みじん切り）
- にんにく　　　　　　1かけ（みじん切り）
- 赤パプリカ　　　　　　1個（粗みじん）
- 中力粉（強力粉と薄力粉を同量ずつ混ぜて代用可能）　　　　　　　　大さじ2
- 無加糖の植物性ミルク（カシューナッツミルク（22ページ参照）や市販の豆乳，アーモンドミルクなど）　　　　2カップ（500ml）

- 野菜スープストック（自家製または市販の固形コンソメやブイヨンでつくる）
  　　　　　　　　　　2カップ（500ml）
- 冷凍コーン　　　　　2カップ（500ml）
- 塩　　　　　　　　　　　　　小さじ1
- ひきたて黒こしょう　　小さじ1くらい
- スモークパプリカ　　小さじ1（お好みで）
- 生のイタリアンパセリ（みじん切り）
  　　　　　　　　　　　適量（お好みで）

調理器具：ブレンダー

1. 大なべにじゃがいもを入れ，かぶるくらい水を加えて強火で熱します。沸騰したら弱火にして8分ほど，フォークがすっとささるくらいのやわらかさになるまでゆでます。小さなボウルにじゃがいもとゆで汁1カップだけを移しておきます（残りのゆで汁は捨てます）。

2. 1/3の分量のじゃがいもと，とっておいたゆで汁をブレンダーに入れ，高速で30秒ほどなめらかになるまで混ぜておきます。

3. 大なべ（1と同じなべを使う場合は洗って拭いておく）にヴィーガンバター大さじ1を入れて中火で熱し，玉ねぎ，にんにく，赤パプリカを加えます。よく混ぜながら5分間，玉ねぎが透き通るくらいまで炒めます。

4. 3のなべに残りのヴィーガンバター大さじ2を加え，さらに1分ほど炒めてバターが溶けたら粉を加えます。常に混ぜながら炒めてペースト状にします。植物性ミルクを1/4カップずつ加えていき，よく混ぜながらなめらかになるまで煮ます。

5. 4のなべに野菜スープストック，ブレンダーにかけた2のじゃがいも，残りのじゃがいも，コーン，塩，こしょう，お好みでスモークパプリカを加えて混ぜ合わせます。火を強めの中火にし，軽く煮立ったら弱めの中火にして10分ほど，ときおり混ぜながら少しとろみがつくまで煮ます。ひきたてのこしょうと，お好みでパセリを散らしたらできあがりです。

● ローストかぼちゃのスープ ●

　もちろん乳製品不使用ですが，ココナッツミルクのおかげでクリーミーな食感が楽しめるスープです。そして，ココナッツが嫌いな方も心配ご無用。ほかの風味豊かな食材のおかげで，ココナッツの味はほとんど感じられません。「こんがりヴィーガンチーズサンドイッチ」（142ページ）や，「りんごとケールのシンプルサラダ」（156ページ）などボリュームのあるサラダに添えるのがとりわけおすすめです。

4人分 調理時間：1時間15分

- バターナッツかぼちゃ
  1個（約750gを縦半分に切って種を取り除く）
- オリーブオイル　小さじ4（2回に分けて使う）
- 玉ねぎ（中）　　　　　1/2個（みじん切り）
- にんにく　　　　　　　　　　　　2かけ
- 減塩の野菜スープストック（自家製または市販の固形コンソメやブイヨンでつくる。入手できなければ通常の野菜スープストックでもよい。その場合は塩を減らす）
  　　　　　　　　　　　　2カップ（500ml）

- ココナッツミルク（無調整）
  　　　　　　　　　　　1カップ（250ml）
- メープルシロップ（100%天然）　大さじ1
- 塩　　　　　　　　　　　　小さじ1/2
- 黒こしょう　　　　　　　　小さじ1/4
- 追加用のココナッツミルク（お好みで）　適量
- 生のイタリアンパセリ（みじん切り）
  　　　　　　　　　　　　適量（お好みで）

調理器具：クッキングシートを敷いたベーキングトレー，ブレンダー

1. オーブンを220℃に予熱しておきます。

2. かぼちゃの断面にオリーブオイル小さじ2を塗り，シートを敷いておいたトレーに断面を下にして並べます。予熱しておいたオーブンで45分間，フォークがすっとささるくらいのやわらかさになるまで焼きます。オーブンから出して粗熱をとります。

3. 大なべを中火にかけて熱し，オリーブオイル小さじ2，玉ねぎ，にんにくを加え，よく混ぜながら5分間，玉ねぎが透き通るくらいまで炒めます。火からおろします。

4. 必要に応じて何回かに分けながら，かぼちゃの身をスプーンですくってブレンダーに入れ，野菜スープストックと3を加えます。なめらかでクリーミーになるまでブレンダーで混ぜます。

5. 4をなべに戻します。ココナッツミルク，メープルシロップ，塩，こしょうを加えます。弱火で10分間，ときおり混ぜながら煮込んで風味のハーモニーを引き出します。スープ用4皿によそい，お好みでココナッツミルクやパセリをかけたらできあがりです。

● マッシュルームクリームスープ ●

　豊かな風味もかわいい見た目もみんなに愛されているマッシュルームがたっぷり入ったクリームスープです。かりっと焼いた「ヴィーガンチーズのせガーリックブレッド」（129ページ）を添えると，クリームスープに閉じ込めたマッシュルームのおいしさが存分に味わえます。私は一人のときでも4人分つくって残りを冷蔵庫で保存しておきます。毎日続けてスープとして食べるのではなく，パスタソースとして使ったり，炊いたご飯に混ぜたりして変化を楽しみます。スープをパスタソース代わりにするなんて，と思われるかもしれませんが，最高においしいので，だまされたと思ってお試しください。

4人分 ♡ 調理時間：50分

- ヴィーガンバター　　　大さじ4（分けて使う）
- 玉ねぎ（中）　　　　1/2個（みじん切り）
- にんにく　　　　　　　　　　2かけ
- ジャンボマッシュルーム（マッシュルームで
  代用可能）　　　　500g（みじん切り）
- マッシュルーム　　　500g（みじん切り）
- 中力粉（強力粉と薄力粉を同量ずつ混ぜて代
  用可能）　　　　　　　　　大さじ3
- 減塩の野菜スープストックまたはきのこスープストック（自家製または市販の固形コンソメやブイヨンでつくる。入手できなければ有塩の野菜スープストックでもよい。その場合は塩を減らす）　　　2カップ（500ml）

- ココナッツミルク（無調整）　1缶（398ml）
- 乾燥タイム　　　　　　　　　小さじ1
- 乾燥パセリ　　　　　　　　　小さじ1
- 塩　　　　　　　　　　　　小さじ1/2
- 黒こしょう　　　　　　　　小さじ1/4

調理器具：ブレンダー

1. 大なべを中火で熱します。ヴィーガンバター大さじ1を入れ，溶けて軽く泡立ったら，玉ねぎとにんにくを加えます。よく混ぜながら5分間，玉ねぎが透き通るくらいまで炒めます。ジャンボマッシュルームとマッシュルームを加え，よく混ぜながら8分ほど，縮んで茶色くなり始めるまで炒めます。

2. 同時に中なべを中火にかけます。ヴィーガンバター大さじ3を入れ，溶けて軽く泡立ったら，粉を加えてペースト状にします。スープストックを1/4カップ（60ml強）ずつゆっくりとよく混ぜながら加え，なめらかでとろりとしたスープにします。

3. **2**を**1**に加えて混ぜ合わせます。ココナッツミルク，タイム，パセリ，塩，こしょうを加えて混ぜ合わせます。弱火で10分間，少しとろみが増すまで煮ます。火からおろして粗熱をとります。

4. ブレンダーにスープの3/4量を移します。低速で，ほぼなめらかになって少しかたまりが残るくらいまで混ぜます。

5. 大なべにスープを戻し，中火にかけてよく混ぜながら5分間，全体が温まるまで熱します。スープ用4皿によそいます。

おいしさのコツ

　このスープは密閉容器に入れて冷蔵庫で3日間保存できます。食べる前に大なべに入れ，中火にかけてよく混ぜながら5分ほど，全体をムラなく温めます。

● 蒸し野菜のごまソースあえ ●

「豆腐入り野菜チャーハン」（190ページ），「豆腐のスイートチリ丼」（186ページ）に添えるのに最適な野菜料理です。四つの材料でつくるごまソースが，蒸し野菜の淡白な味に個性的なアクセントを添えてくれます。ゆでたキヌアにこの蒸し野菜をのせて上から倍量のソースをかければ，超時短ディナーに変身します。

4人分　　調理時間：15分

- ブロッコリー（小房に分ける）　　250g
- カリフラワー（小房に分ける）　　250g
- ベビーキャロット　　　　　　　　250g
- さやいんげん　　250g（へたをとる）
- にんにく　　　1かけ（みじん切り）
- しょうゆ　　　　　　　　　大さじ1
- ごま油　　　　　　　　　　小さじ2

- メープルシロップ（100％天然）またはアガベシロップ　　　　　　　大さじ1と1/2
- ごま　　　　　　　　　　　小さじ2
- 唐辛子フレーク　　　適量（お好みで）

調理器具：蒸し器

1. 大なべに水を深さ5cmまで入れ，ふたをして強火で沸騰させます。ブロッコリー，カリフラワー，ベビーキャロットを蒸し器に入れて4分ほど，フォークがすっとささるくらいやわらかくなるまで蒸します。さやいんげんを加えてさらに3分間，色が鮮やかになりフォークがすっとささるくらいのやわらかさになるまで蒸します。

2. 小さなボウルに，にんにく，しょうゆ，ごま油，メープルシロップを入れます。野菜を蒸し器から出して，大皿に盛ります。野菜を蒸し器から出して深めの大皿に盛ります。野菜にソースをかけ，皿を揺らしてソースを全体にからめます。ごまと，お好みで唐辛子フレークをふりかけたら，できたてをどうぞ。

● タイ風ココナッツライス ●

ココナッツライスはタイ料理店の定番メニューです。人気があるのも当然。クリーミーでほんのり甘くて，スパイシーな野菜カレーに欠かせません。初めて自分でつくってみたときは簡単にできてびっくりしました。「豆腐のスイートチリ丼」（186ページ），「蒸し野菜のごまソースあえ」（118ページ）に添えてどうぞ。

4人分 調理時間：25分

- 短粒種の白米 　　1と1/2カップ（375ml）
- ココナッツミルク（無調整または低脂肪）
　　　　　　　　　　　　　　1缶（398ml）
- 水　　　　　　　1と1/4カップ（300ml）
- オーガニックきび砂糖　　　　小さじ1/2
- 塩　　　　　　　　　　　　　小さじ1/2

1. 網目の細かいざるに米を入れて，すすぎ水が透明になるまで洗います。

2. 中なべに洗った米と残りの材料すべてを入れて混ぜ合わせ，強火にかけます。沸騰したらすぐ弱火にし，表面がわずかにぐつぐつしてきたらふたをして15〜20分ほど，水分が米に吸われてなくなるまで炊きます。フォークでほぐしたらできあがりです。

おいしさのコツ

　無調整のココナッツミルクを使うとクリーミーな舌触りになり，ココナッツ風味も増します。ココナッツがあまり好きでない場合は，低脂肪のココナッツミルクを使うと風味が強すぎず，なおかつお米につやとコクが出ます。

スリラチャソースあえの
甘辛ローストカリフラワー

　甘さと辛さのハーモニーがユニークな風味を生み出し，普通のロースト野菜とは一味違った味わいのカリフラワー料理です。「ひよこ豆とレンズ豆とさつまいものカレー」（177ページ）と相性抜群。また，これをラップサンドにした「甘辛ローストカリフラワーのラップサンド」（143ページ）もぜひお試しください。

4人分　🌾　🍴　調理時間：30分

- カリフラワー（大）　　1個（小房に分ける）
- 植物油　　　　　　　　大さじ1
- スリラチャソース　　　大さじ2
- メープルシロップ（100％天然）　大さじ4

- 塩　　　　　　　　　　小さじ1/4

調理器具：クッキングシートまたはアルミホイルを敷いたベーキングトレー

1. オーブンを220℃に予熱しておきます。

2. 大きなボウルにカリフラワーと油を入れて全体にからめます。

3. シートまたはアルミホイルを敷いておいたトレーに，2のカリフラワーを均等に並べます。このとき，カリフラワーを出したボウルはそのままにしておきます。予熱したオーブンで10分間，カリフラワーに焼き色がつき始めるまで焼きます。

4. 3と同時に，カリフラワーを出したあとのボウルにスリラチャソースとメープルシロップを入れ，泡立て器で混ぜます。

5. カリフラワーをオーブンから出し，4のボウルに加えてソースを全体にからめます。このとき，トレーとシート（アルミホイル）はそのままにしておきます。

6. トレーにカリフラワーを戻し，均等に並べます。塩をふり，さらに15分間やわらかくなるまで焼きます。オーブンから出したらできあがりです。

おいしさのコツ

　ローストしたカリフラワーは密閉容器に入れて冷蔵庫で3日間保存できます。食べる前に，180℃に予熱しておいたオーブンで15分間温めるか，電子レンジで中まで熱くなるように1分間以上加熱します。

● にんじんのジンジャーバターソースあえ ●

クリスマスディナーなどのごちそうにぴったりのサイドディッシュです。私はこれを「ふんわり軽いマッシュドポテト」(132ページ),「豆腐フライのディップ添え」(81ページ),「自家製ヴィーガンソーセージ」(37ページ),「ヴィーガングレイビー」(25ページ)と一緒にふるまいます。

4人分 調理時間：15分

- にんじん(大)　　　4本(厚さ5mmに切る)
- ヴィーガンバター　　　小さじ2(溶かす)
- ブラウンシュガー　　　　　　小さじ1
- おろし生姜　　　　　　　小さじ1/2

- イタリアンパセリ(みじん切り)
　　　　　　　　　　　　　適量(お好みで)
- 塩　　　　　　　　　　　　　適量

1. 中なべににんじんを入れて,かぶるくらいの水を加えます。強火で10分ほど,フォークがすっとささるくらいのやわらかさになるまでゆでます。ざるにあげて水気を切っておきます。

2. 溶かしたヴィーガンバターを中くらいの皿に入れ,ブラウンシュガーと生姜を加えて混ぜ合わせてソースをつくります。1のにんじんを加えてソースをからめます。適量の塩をふり,お好みでパセリをふりかけたらできあがりです。

ヴィーガンチーズソースをかけた
ブロッコリー

子どもの頃，私たち姉妹にブロッコリーを食べさせる唯一の方法といえば，とろけるチェダーチーズをかけることでした。そんな子は珍しくないですよね。というわけで，黄金コンビともいえる味をヴィーガン料理で再現したのが，このレシピです！

4人分 調理時間：15分

- ブロッコリー（小房に分ける） 1kg
- 自家製ヴィーガンチーズソース（31ページ参照）または市販品
  2カップ（500ml。温めておく）
- 塩 適量
- ひきたて黒こしょう 適量

調理器具：蒸し器

1. 大なべに水を深さ5cmまで入れて強火にかけます。沸騰したらブロッコリーを蒸し器に入れて5分ほど，色が鮮やかになりフォークがすっとささるくらいのやわらかさになるまで蒸します。

2. 大きなボウルにブロッコリーを移し，チーズソースをかけます。塩こしょうで味を整えます。

おいしさのコツ
ブロッコリーの代わりに同量のカリフラワーでもおいしくつくれます。

● フォトジェニックなロースト野菜 ●

「ヴィーガンは野菜しか食べない」という偏見は嫌いですが，それでもときおり，オーブン皿いっぱいに焼いたロースト野菜が恋しくなることがあります。ロースト野菜は，違う野菜の組み合わせが，この上なく美しい色のハーモニーを見せてくれます。これをディナーパーティーでごちそうしたら，Instagram用に写真を撮る人が必ずいるはず。野菜がこんなにフォトジェニックだなんて，知っていましたか？ （というわけで，私のインスタグラム @itslivb もぜひご覧くださいね！）

4人分   調理時間：45分

- さつまいも（大）
  1本（皮をむいて一口大に切る）
- 芽キャベツ　　　375g（半分に切る）
- にんじん（大）
  3本（皮をむいて一口大に切る）
- じゃがいも（大）
  1個（皮をむいて一口大に切る）
- オリーブオイル　　　　　大さじ2

- 塩　　　　　　　　　　　小さじ1
- 黒こしょう　　　　　　　小さじ1/2
- パプリカ（粉末）　　　　小さじ1/2
- ガーリックパウダー　　　小さじ1/4

調理器具：クッキングシートを敷いたベーキングトレー

1. オーブンを200℃に予熱しておきます。

2. 大きなボウルにさつまいも，芽キャベツ，にんじん，じゃがいもを入れます。オリーブオイルを加え，塩，こしょう，パプリカ，ガーリックパウダーをふりかけます。ボウルを揺らして全体にまぶします。

3. シートを敷いたトレーに，野菜を重ならないように並べます。予熱しておいたオーブンで20分ほど，焼き色がつき始めるまで焼きます。いったんオーブンから出して全体を混ぜてからさらに15〜20分ほど，こんがりきつね色になり，フォークがすっとささるくらいのやわらかさになるまで焼きます。オーブンから出して熱々をどうぞ。

おいしさのコツ

　ロースト野菜には紫にんじんを入れるとさらに彩りが美しくなります。手に入らない場合は，普通のにんじんかパースニップ（アメリカボウフウ）を使うとよいでしょう。

● ヴィーガンチーズのせガーリックブレッド ●

実をいうと，以前はガーリックブレッドがあまり好きではありませんでした。キッチンが焦げたパンとにんにくとバターの匂いでいっぱいになるのはちょっとうんざりです。でも，ヴィーガンチーズをのせたガーリックブレッドのおいしさを思えば，そんなことは気になりません。私の自慢の「チキンパルメザン風スパゲッティー」(168ページ) や「レッドペッパーソースのフェットチーネ」(182ページ) と組み合わせれば，イタリア風のフルコースが完成します。

4人分 調理時間：15分

- ヴィーガンバター　　　　　　　大さじ4
- ガーリックパウダー　　　　　　小さじ1
- パン　　　　　　　　　　　　　8枚
- 乾燥パセリ　　　　　　　　　　小さじ1/2

- ヴィーガンチェダーチーズまたはモッツァレラ風ヴィーガンチーズ（シュレッド）
　　　　　　　　　　　　1/2カップ（125ml）

調理器具：アルミホイルを敷いたベーキングトレー

1. オーブンのラックを熱源との距離が10cmになるようにセットして，グリル設定で予熱しておきます。

2. 小さなボウルにヴィーガンバターとガーリックパウダーを入れて混ぜ合わせます。電子レンジで10〜15秒ずつ中断しながら，バターが溶けるまで加熱します。

3. ホイルを敷いたトレーに，重ならないようにパンを並べます。2のガーリックバターを，パン1枚につき小さじ1と1/2ずつスプーンで塗ります。その上からパセリとヴィーガンチーズを均等にのせます。

4. 予熱しておいたオーブンで5分ほど，チーズが溶けてパンがこんがりきつね色になるまで焼きます。焦げやすいので見張っていてください！　熱々をどうぞ。

おいしさのコツ

　私はいつも，地元のパン屋さんから香ばしいクラストに包まれたパンを買ってきて，このトーストをつくります。パンを買った当日につくると，やわらかい白い部分とかりっとした耳とのコントラストが楽しめます。

バジルクリームを添えた
新じゃがのロースト

イタリア料理のバジルペーストが好きな方なら，ぜひお試しいただきたいレシピです。にんにくとバジルの香りがたまらないバジルクリームは，バジルペーストにヒントを得ています。かりっとした皮のローストポテトに合わせると，やみつきになるおいしさです。

4人分 調理時間：40分

バジルクリーム：
- 生のカシューナッツ　3/4カップ（約190ml）
- 水　　　　　　　　1/2カップ（125ml）
- 生のバジル
　　1/2カップ（125ml。計量カップに押し込んではかる）
- にんにく　　1かけ（「おいしさのコツ」参照）
- しぼりたてレモン汁　　大さじ1と1/2

新じゃがのロースト：
- 新じゃが　　　　750g（1個を半分に切る）

- オリーブオイル　　　　　　大さじ1
- パプリカ（粉末）　　　　　小さじ1
- 塩　　　　　　　　　　　小さじ1/2
- ひきたて黒こしょう　　　　小さじ1/4
- 生のバジルまたはイタリアンパセリ（みじん切り）　　　大さじ2（お好みで）

調理器具：クッキングシートを敷いたベーキングトレー，ハイパワーブレンダーまたはフードプロセッサー

1. ハイパワーブレンダーがない場合は，バジルクリームの下準備をします。カシューナッツを小さなボウルに入れてかぶるくらいの熱湯を加え，常温で1時間おいたあと，ざるにあげて水気を切ってからブレンダーに入れます（ハイパワーブレンダーを使う場合は，この下準備は省いて2に進みます）。

2. 新じゃがのローストをつくります。まずオーブンを200℃に予熱しておきます。

3. 大きなボウルに新じゃが，オリーブオイル，パプリカ，塩，こしょうを入れてボウルを揺らして全体にからめます。シートを敷いたトレーの上にじゃがいもを重ならないように並べます。予熱しておいたオーブンで15分間焼いたら全体を混ぜ，さらに15分間，こんがりきつね色になりフォークがすっとささるくらいのやわらかさになるまで焼きます。

4. 3と同時に，バジルクリームをつくります。カシューナッツ，水，バジル，にんにく，レモン汁をブレンダーまたはフードプロセッサーに入れます。1分ほど高速で混ぜ，完全になめらかなクリーム状にします。

5. オーブンから新じゃがを出したら大きな深皿に盛ります。4のバジルクリームを上からかけるか，ディップとして別皿に盛って添えます。お好みで生のバジルかパセリをふりかけます。

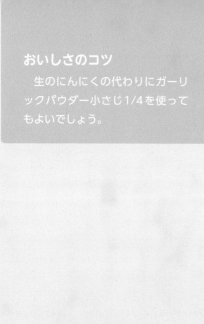

● ふんわり軽いマッシュドポテト ●

　最高においしいマッシュドポテトを植物性の材料だけでつくるのは，驚くほど簡単。バターとミルクを植物性におき換えるだけです。私のこのレシピは，クリスマスやイースター，感謝祭のディナーに欠かせない一品で，テーブルに出したら絶対に残らないおいしさであることは証明済みです。「ヴィーガングレイビー」（25ページ）を添えれば，ますます正統派のマッシュドポテトらしい味わいになります。

4人分　 　調理時間：20分

- じゃがいも（あればラセット種。男爵でも代用可能。大きいもの）　5個（約1.1kg）
- ヴィーガンバターまたはヴィーガンマーガリン　大さじ3
- 無加糖の植物性ミルク（カシューナッツミルク（22ページ参照）や市販の豆乳，アーモンドミルクなど）　大さじ4
- 塩　小さじ1/4くらい
- 黒こしょう　小さじ1/4くらい

1. 大なべにじゃがいもを入れ，水を深さ5cmくらいまで入れて強火にかけます。沸騰したら弱火にして15分ほど，フォークがすっとささるくらいのやわらかさになるまでゆでます。ざるにあげて水気を切り，なべに戻しておきます。

2. ヴィーガンバター，植物性ミルク，塩こしょうを加えます。ポテトマッシャーまたはフォークを使い，じゃがいもがなめらかになるまでつぶします。味を見て，必要に応じて塩こしょうをさらに加えたらできあがり。深皿に入れてテーブルに出します。

● ケイジャンスパイス風味のポテト ●

　友だちを呼んで映画を見るパーティーナイトに欠かせないポテト料理です。ディップやソースを色々用意してかわいい小皿で添えるのがおすすめ。ケチャップ，スイートチリソース，それに「ヴィーガンはちみつマスタードディップ」（29ページ）をそろえれば完璧です。

4人分　 　調理時間：45分

● パプリカ（粉末）	小さじ2	● じゃがいも	1kg（くし形に切る）
● 塩	小さじ1	● オリーブオイル	大さじ2
● 黒こしょう	小さじ1		
● ガーリックパウダー	小さじ1/2	調理器具：クッキングシートを敷いたベーキングトレー	
● オニオンパウダー	小さじ1/4		
● 唐辛子フレーク	小さじ3/4		

1. オーブンを220℃に予熱しておきます。

2. 小さなボウルにパプリカ，塩，黒こしょう，ガーリックパウダー，オニオンパウダー，唐辛子フレークを入れ，混ぜ合わせておきます。

3. 大きなボウルにじゃがいもを入れ，オリーブオイルを加えて軽く混ぜ，全体にからめます。2のスパイス類を加えて混ぜ，じゃがいもにまんべんなくまぶします。

4. シートを敷いておいたトレーに3のじゃがいもを重ならないように並べ，予熱しておいたオーブンで15分間焼き，裏返してからさらに15分間，こんがりきつね色になりかりっとするまで焼きます。

5. オーブンから出し，深皿か大皿に盛ります。お好みでお好きなディップやソースを添えてください。

おいしさのコツ

　伝統的なフレンチフライ風に細く切ったじゃがいもでつくると，また違ったおいしさになります。まずじゃがいもを縦半分に切ります。厚さ1cmの縦長に切ってから，さらに0.5cm幅の棒状に切っていきます。焼き時間を5分短縮し，焼き上がる少し前になったら目を離さず，焦げないように気をつけましょう。

カレーマヨソースで食べる
ベイクドスイートポテト

じゃがいもでつくる普通のフライドポテトとさつまいものフライドポテトのどちらが好きですか？　この質問を持ち出すと，決まって意見が分かれます。私自身，答えを決めかねてしまいます。それぞれに違ったおいしさがあって平等に扱われるべきだと思うのです。とはいえ，さつまいものフライドポテトにはあらがいがたい魅力を感じ，すすめられたら絶対断れないというのも事実。カレーマヨネーズをつけるのが私の定番ですが，お友だちや家族が集う機会につくるなら，さらに「ライム入りスパイシーマヨネーズ」（30ページ）も添えるのがおすすめです。

4人分　 　調理時間：45分

フライドポテト：
- さつまいも（大）
    4本（皮をむいて1cmの棒状に切る）
- オリーブオイル　　　　　大さじ4
- 塩　　　　　　　　　　　小さじ1
- ひきたて黒こしょう　　　小さじ1/2

カレーマヨネーズ：
- マヨネーズ（動物性原料不使用）
    1/3カップ（80ml強）
- カレー粉　　　　　　　小さじ1と1/2
- メープルシロップ（100％天然）
    小さじ1/2（お好みで）

調理器具：クッキングシートを敷いたベーキングトレー

1. オーブンを220℃に予熱しておきます。
2. 大きなボウルにさつまいもを入れます。オリーブオイルを加え，塩こしょうをふり，軽く混ぜて全体にからめます。
3. シートを敷いておいたトレーに，さつまいもを重ならないように並べます。予熱しておいたオーブンで15分間焼き，裏返してさらに15分間，フォークがすっとささるくらいやわらかくなり，表面がかりっとなるまで焼きます。
4. 3と同時にカレーマヨネーズをつくります。マヨネーズにカレー粉と，お好みでメープルシロップを加え，泡立て器で混ぜ合わせます。
5. オーブンからさつまいもを出します。ディップ用にカレーマヨネーズを添えます。

● クリスピーベイクドオニオンリング ●

パブの定番おつまみといえば，バスケット入りの油で揚げたオニオンリング。私も好きですが，食べると胃が重たくなり，眠気に襲われるのが困ったところです。その点こちらのオニオンリングなら，揚げずに焼いているのでとても軽やか。「ライム入りスパイシーマヨネーズ」（30ページ）やケチャップをつけるほか，バーガーやサラダにのせるのも新感覚の味わい方としておすすめです。

4人分 調理時間：50分＋玉ねぎをミルクに浸しておくための30分

- 無加糖の植物性ミルク（カシューナッツミルク（22ページ参照）や市販の豆乳，アーモンドミルクなど）　　　　2カップ（500ml）
- ホワイトビネガー　　　　　　大さじ6
- 玉ねぎ（大）
  　2個（横に厚さ1cmに切ってリング状にする）
- コーンミール　　　2/3カップ（約170ml）
- 中力粉（強力粉と薄力粉を同量ずつ混ぜて代用可能）　　　2/3カップ（約170ml）

- パン粉　　　　　2/3カップ（約170ml）
- ニュートリショナルイースト（栄養酵母）
  　　　　　　　　　　　　　　大さじ2
- パプリカ（粉末）　　　　　　小さじ1
- 塩　　　　　　　　　　　　小さじ1/2
- 黒こしょう　　　　　　　　小さじ1/2
- クッキングスプレー（「おいしさのコツ」参照）　　　　　　　　　　　　　適量

調理器具：油を塗ったベーキングトレー

1. 大きなボウルにミルクとビネガーを入れます。このときミルクが凝固しますが問題ありません。ここにリング状の玉ねぎを入れて30分間浸します（急いでいる場合は浸す時間は省略できますが，浸すと玉ねぎの中がしっとりやわらかくなります）。

2. オーブンを200℃に予熱しておきます。

3. 中くらいのボウルにコーンミール，粉，パン粉，ニュートリショナルイースト，パプリカ，塩，こしょうを入れて混ぜ合わせます。

4. 3のボウルに1の玉ねぎを一つずつ入れ，混ぜ合わせておいた粉類をまんべんなくまぶします。油を塗っておいたトレーにおきます。この手順を繰り返し，重ならないように玉ねぎを並べていきます。

5. 玉ねぎにクッキングスプレー（オイルスプレー）をかけ，予熱しておいたオーブンで15分間，こんがりきつね色になるまで焼きます。オーブンから出して裏返したら，またクッキングスプレーをかけてさらに10分間，こんがりきつね色になるまで焼きます。

6. オーブンから出し，お好みのソースやディップを添えて熱々をどうぞ。

おいしさのコツ

　クッキングスプレー（オイルスプレー）を使いたくない場合，スプレーをかけずに焼いてもおいしくできますが，焼き色がつかなくなります。油を塗るのは，衣がとれてしまうのでおすすめしません。

サンドイッチと
ラップサンド, サラダ

ひよこ豆のラップサンド バッファローソース

「通学にぴったりのランチボックス」特集でラップサンドのレシピ動画をご紹介したところ，2年経った今もSNSに「今日もつくりました」という写真やメッセージの投稿が絶えません。そんな人気不滅のレシピをちょっとだけアレンジしたのが，ここでご紹介するひよこ豆のラップサンドです。

4人分　調理時間：10分

- オリーブオイル　　　　　　　　大さじ1
- ひよこ豆
  　　1缶（398ml。ざるにあげて水で洗う）
- 黒こしょう　　　　　　　　　小さじ1/4
- バッファローソース（動物性原料不使用）
  　　　　　　　　　　　　　　　　大さじ4
- バーベキューソース（動物性原料不使用）
  　　　　　　　　　　　　　　　　大さじ4

- マヨネーズ（動物性原料不使用）　大さじ2
- トルティーヤ（大）　　　　　　　4枚
- ロメインレタス（せん切り）
  　　　　　　　　　　　2カップ（500ml）
- トマト（中）　　　　　　1個（スライス）
- 紫玉ねぎ　　　　　　　　1個（薄切り）

1. フライパンを中火にかけます。オリーブオイルとひよこ豆と黒こしょうを加えて3〜4分間，よく混ぜながら炒め，全体に火を通します。

2. バッファローソースとバーベキューソースを加え，全体を混ぜます。弱火で5分間，常に混ぜながら煮込んでとろみをつけます。火からおろして粗熱をとります。

3. トルティーヤ1枚につきマヨネーズを小さじ1と1/2塗ります。2のひよこ豆のうち1/2カップ（125ml）をのせ，さらにレタスを1/2カップ，トマトと玉ねぎを1/4のせます。トルティーヤの下半分を具の上に折り上げ，さらに両側を少し折って巻いたらできあがり。この手順を繰り返して4本つくります。

おいしさのコツ
　2のひよこ豆は密閉容器に入れて冷蔵庫で3日間保存できます。トルティーヤは巻く前に電子レンジで温めます。

● こんがりヴィーガンチーズサンドイッチ ●

　こんがりとろけるチーズがのったサンドイッチなど，ヴィーガンには叶わぬ夢だと思われるか
もしれません。でも実際には，植物性の材料だけでつくるのは簡単です。お店で売られている
ヴィーガンチーズの種類は増える一方ですし，自家製ヴィーガンチーズも使えます。「アーモン
ドリコッタ」（32ページ）でつくると，しっとりやわらかくて最高。チーズをとろけさせる手間
もかかりません。私はグリーンの野菜を使うのが好きなので，このレシピもサラダほうれん草を
刻んでリコッタに混ぜたら，彩りも味も洗練された一品になりました。アーモンドが材料なので，
体にいいたんぱく質と油と食物繊維がバランスよくとれるのもうれしいところです。

4人分　♡　調理時間：15分

- 自家製アーモンドリコッタ（32ページ参照）
　　　　　　　　　3/4カップ（約190ml）
- サラダほうれん草（粗みじん）
　　　　　　　　　1カップ（250ml）
- 全粒粉パン　　　　　　　　　　　　8枚
- マーガリン（動物性油脂不使用）
　　　　　　　　　　　　　　大さじ2くらい
- トマト　　　　　　　　1個（スライス）

1. 中くらいのボウルにアーモンドリコッタとほうれん草を入れて混ぜ合わせます。

2. 大きなフライパンを中火で熱します。

3. パン8枚の片面にマーガリンを小さじ3/4くらいずつ塗ります。そのうち4枚は，マーガリ
ンを塗った面を下にして並べ，塗っていない面に **1** のリコッタを塗り，さらにトマトを同量
ずつのせます。さらに残りのパン4枚を，マーガリンを塗った面を上にして，リコッタとト
マトをのせたパンの上に重ねてサンドイッチをつくります。

4. 熱したフライパンに入れ，両面3〜4分ずつ，こんがりきつね色になるまで焼きます。熱々
をどうぞ。

おいしさのコツ
　残り物のヴィーガンリコッタを使い切りたいときにもおすすめのレシピです。

● 甘辛ローストカリフラワーのラップサンド ●

　これは失敗から生まれたレシピです。ランチドレッシング風のディップをつくろうとしたら，ソースのようになってしまいました。このソースをなんとか生かそうと，「スリラチャソースあえの甘辛ローストカリフラワー」（121ページ）と一緒にトルティーヤに包んでラップサンドにすることを思いついたのです。とてもおいしいラップサンドができたのでこの本でもご紹介します！

4人分　　調理時間：35分

甘辛ローストカリフラワーのラップサンド：

- スリラチャソースあえの甘辛ローストカリフラワー（121ページ参照）　　　　4人分
- トルティーヤ（大）　　　　4枚
- ロメインレタス（せん切り）
　　　　　　　　　　2カップ（500ml）
- トマト　　1個（スライスするか粗みじん）
- アボカド　　　　1個（スライス）

ランチドレッシング風ソース：

- マヨネーズ（動物性原料不使用）　大さじ3
- 無加糖の植物性ミルク（カシューナッツミルク（22ページ参照）や市販の豆乳，アーモンドミルクなど）　　　　　　大さじ4
- りんご酢　　　　　　　　小さじ1/2
- ガーリックパウダー　　　小さじ1/4
- 黒こしょう　　　　　　　小さじ1/4
- 生のイタリアンパセリ（みじん切り）
　　　　　　　　大さじ1（お好みで）

1. 121ページのレシピ通りにスリラチャソースあえの甘辛ローストカリフラワーをつくります。

2. 1を焼いている間に，ランチドレッシング風ソースをつくります。ソースの材料をすべて泡立て器でよく混ぜます。

3. ラップサンドをつくります。トルティーヤの中央に，2のソースを1枚につき大さじ2ずつ塗ります。レタス，トマト，アボカド，スリラチャソースあえの甘辛ローストカリフラワーを，トルティーヤ1枚につき1/4量ずつ中央にのせます。トルティーヤの下半分を具の上に折り上げ，さらに両側を少し折って巻いたらできあがりです。

おいしさのコツ

　スリラチャソースあえの甘辛ローストカリフラワーは密閉容器に入れて3日間保存できます。ソースは別の容器に入れて冷蔵保存します。カリフラワーを電子レンジで温め直し，食べる直前に別の具材とともに巻いてください。

● バーベキュー豆腐のピタサンド ●

ヴィーガン生活をしていると，冷蔵庫にはいつも豆腐と野菜が残りがちです。飽きてしまいがちな定番食材でも，新鮮な食べ方でどう使い切るかが腕の見せどころ。このレシピは冷蔵庫を一掃していて思いつきました。意外とおいしくできたどころか，この本でご紹介したいくらいお気に入りのレシピになりました。

4人分 調理時間：20分

- オリーブオイル　　　　　　　大さじ1
- 白玉ねぎ（黄玉ねぎで代用可能。みじん切り）　　　　　　1/2カップ（125ml）
- もめん豆腐
  375g（1丁。16ページを参照して硬く水切りし，1.5cmくらいの角切りにする）
- バーベキューソース（動物性原料不使用）
  　　　　　　　　　　1/2カップ（125ml）
- ピタパン（中くらいの大きさで中が開くもの）　　　　　　　2枚（半分に切る）

- マヨネーズ（動物性原料不使用）　大さじ4
- ロメインレタス（せん切り）
  　　　　　　　　　　2カップ（500ml）
- にんじん（大）　　　　　1本（せん切り）
- アルファルファスプラウトまたはマイクログリーン（ほかのスプラウトでも代用可能）
  　　　　　　　　　　1カップ（250ml）

1. 大きなフライパンを中火で30秒熱します。オリーブオイルと玉ねぎを入れ，よく混ぜながら5分ほど，玉ねぎが透き通るくらいまで炒めます。豆腐を加えてときおり混ぜながらさらに3分間，焼き色がつき始めるまで炒めます。

2. 火を弱めて中火にし，バーベキューソースを加えて混ぜます。常に混ぜながら5分間，ソースが豆腐にまんべんなくからみ，少しとろみがつくまで炒め，火からおろします。

3. 半分に切ったピタパンに，マヨネーズ，ロメインレタス，にんじん，アルファルファまたはマイクログリーン，**1** の豆腐を1/4ずつ入れます。できたてをどうぞ。

おいしさのコツ
　2 の豆腐は密閉容器に入れて4日間保存できます。ピタサンドを食べる直前に電子レンジで温め，ほかの材料とともにピタパンに詰めます。

● ツナ風ひよこ豆のピタサンド ●

　子どもの頃からツナサラダは好きではなかったのに，このツナ風ひよこ豆はヴィーガンになって初めて食べてみて以来，すっかりとりこになってしまいました。少しマッシュしたひよこ豆が，ぱらっとほぐれたツナの食感にそっくりで，ヴィーガンもそうでない人もファンになる味です。お弁当に持っていくのに最適ですし，家でのランチならパニーニプレスでグリルして，中のヴィーガンチーズがとろけてパンの表面がかりっとなったところを食べるのが最高です。

4人分　　調理時間：10分

- ひよこ豆
  1缶（398mlのもの。ざるにあげて水で洗う）
- マヨネーズ（動物性原料不使用）　　大さじ4
- にんじん（せん切り）　1/2カップ（125cml）
- 細ねぎ（小口切り）　　　　　　　大さじ3
- レーズン　1/4カップ（60ml強。お好みで）
- 黒こしょう　　　　　　　　　小さじ1/4
- ピタパン（中くらいの大きさで中が開くもの）　　　　　　　　　2枚（半分に切る）
- ヴィーガンチーズ（シュレッド）
  　　　　　　　　　　　1/2カップ（125ml）
- ロメインレタス（せん切り）
  　　　　　　　　　　　　2カップ（500ml）

1. 大きなボウルにひよこ豆とマヨネーズを入れます。ポテトマッシャーかフォークを使ってひよこ豆を軽くつぶしますが，このとき，つぶれていない豆が少し残っていて，ほかの豆も歯応えが残るくらいでやめておきます。つぶしすぎると食感が悪くなるので注意します。

2. にんじん，細ねぎ，レーズン（お好みで），黒こしょうを加えて混ぜ合わせます。

3. 半分に切ったピタパン1枚につきヴィーガンチーズを大さじ2くらい入れ，レタスと**2**のひよこ豆サラダを1/4量ずつ入れます。4枚すべてに具を入れたらできあがりです。

おいしさのコツ

　2のひよこ豆サラダは冷蔵庫に入れて4日間保存できます。食べるときに，電子レンジで全体に火が通るように温めてから，ヴィーガンチーズ，レタスと一緒にピタパンに詰めます。

いちごとほうれん草のサラダ
バターミルク風ドレッシング

　かつての私は「フルーツサラダと野菜サラダは別世界のもので，混ぜ合わせるなんてもってのほか」という思い込みがありました。ヴィーガンになってからキッチンで大胆な実験をしてみるようになり，果物はグリーンサラダの材料にぴったりで，しかも格段においしくしてくれるということに気づきました。夏のサイドディッシュにつくりたいのが，いちごとほうれん草のサラダ。旬のいちごとクリーミーなバターミルク風ドレッシングがさわやかな一品です。

4人分 調理時間：10分

バターミルク風ドレッシング：
- マヨネーズ（動物性原料不使用）
　　　　　　　　　　　1/2カップ（125ml）
- 無加糖の植物性ミルク（カシューナッツミルク（22ページ参照）や市販の豆乳，アーモンドミルクなど）　　　　　　大さじ2
- りんご酢　　　　　　　　　大さじ2
- オーガニックきび砂糖　　　大さじ2
- 塩　　　　　　　　　　　　　適量
- ひきたて黒こしょう　　　　　適量

いちごとほうれん草のサラダ：
- サラダほうれん草　　　　　1.25kg
- いちご　　　　375g（スライスする）
- 自家製メープルシナモン味のピーカンナッツ（89ページ参照）
　　　　3/4カップ（約190ml。みじん切り）

1. バターミルク風ドレッシングをつくります。小さなボウルにドレッシングの材料をすべて入れ，泡立て器で混ぜ合わせます。味見をして，必要に応じてさらに塩こしょうを足して味を整えます。

2. いちごとほうれん草のサラダをつくります。大きなサラダボウルにサラダの材料をすべて入れて，軽く混ぜ合わせます。上からドレッシングをかけて，全体にからめたらできあがりです。

おいしさのコツ
　サラダとドレッシングは別々の密閉容器に入れて，冷蔵庫で3日間保存できます。食べる直前にサラダにドレッシングをかけます。

さつまいものサラダ
スパイス入りメープルドレッシング

モントリオールに行くたびに，私は必ず「ラ・パンテール・ヴェルト」というレストランに足を運びます。そこでいつもオーダーするのが，さつまいものサラダ。うちに帰ってきてもまた食べたくなるくらい好きなので，そんなときは自分のためにこのサラダをつくります。

4人分 調理時間：40分

さつまいものサラダ：

- さつまいも（大）
  2本（皮をむいて一口大に切る）
- オリーブオイル　　　　　　大さじ3
- 塩　　　　　　　　　　　小さじ1/2
- こしょう　　　　　　　　小さじ1/4
- サラダほうれん草　　　　　　750g
- ピーカンナッツ（半割り）
  1/2カップ（125ml）
- 乾燥クランベリー　1/2カップ（125ml）
- 細ねぎ　　　　3本（細かい斜め切り）

スパイス入りメープルドレッシング：

- オリーブオイル　　1/3カップ（80ml強）
- メープルシロップ（100%天然）　大さじ4
- しぼりたてレモン汁　　　　　大さじ1
- 生姜パウダー　　　　　　　小さじ1/2
- シナモンパウダー　　　　　小さじ1/4

調理器具：クッキングシートを敷いたベーキングトレー

1. さつまいものサラダをつくります。まず，オーブンを200℃に予熱しておきます。

2. 中くらいのボウルにさつまいも，オリーブオイル大さじ3，塩，こしょうを入れて混ぜ合わせます。シートを敷いておいたトレーに重ならないように並べます。予熱しておいたオーブンで15分焼き，裏返してさらに15分，やわらかくこんがりきつね色になるまで焼きます（さつまいもの端が焦げやすいので，目を離さないようにしましょう）。オーブンから出しておきます。

3. 2と同時にスパイス入りメープルドレッシングをつくります。ドレッシングの材料をすべて入れ，泡立て器でよく混ぜ合わせます。

4. サラダを仕上げます。大きなサラダボウルに，ほうれん草，ピーカンナッツ，クランベリー，2のさつまいも，細ねぎを入れます。ドレッシングを上からかけて，軽く混ぜて全体にからめたらできあがりです。

スパイラルカット野菜の
タイ風ヌードルサラダ

　私はめん類が大好き。うずまき状に切った野菜と一緒に、クリーミーかつスパイスの効いたタイ風ソースをかけたこのヌードルサラダは、とりわけやみつきになる味です。スピラライザー（うずまき状に野菜が切れるスライサー）がなくても、にんじんとズッキーニをピーラーで長いリボン状に切れば、同じくらいおいしくできます。私もスピラライザーを買う前はピーラーでつくっていました。

4人分 ♡ 調理時間：20分

- 米粉麺（細いタイプ）　　　　　250g
- 自家製タイ風ピーナッツソース（28ページ参照）　　　　　1/2カップ（125ml）
- にんじん（大）
　　3本（スピラライザーで渦巻き状またはピーラーで長いリボン状にスライス）
- ズッキーニ（中）
　　2本（スピラライザーで渦巻き状またはピーラーで長いリボン状にスライス）

- キャベツ（せん切り）　1カップ（250ml）
- 細ねぎ　　　　　　　　4本（小口切り）
- 黒ごま　　　　　　　　　　　小さじ2

調理器具：あればスピラライザー。ピーラーで代用可能

1. 米粉麺をパッケージの説明通りにゆで、ざるにあげて水気を切っておきます。

2. 28ページのレシピ通りにタイ風ピーナッツソースをつくります。

3. 大きなボウルに **1** の米粉麺を入れ、ピーナッツソース以外の材料すべてを加えて混ぜ合わせます。上からピーナッツソースを全体にかけて、軽く混ぜ合わせたらできあがり。密閉容器に入れて冷蔵庫で3日間保存できます。

自家製ヴィーガンパルメザンをかけた
バジルとトマトのパスタサラダ

　バーベキューや持ち寄りパーティーに招かれたときに重宝するのがパスタサラダです。簡単に持っていけるうえ，みんなにおいしいといってもらえるはず。ここでご紹介するのはバジルと生のトマト，アーモンドで簡単につくれてヴィーガンパルメザンの豊かな風味が堪能できるパスタサラダです。パスタサラダにするならショートパスタがおすすめ。なかでもファルファッレ（リボン型パスタ）が私の一番のお気に入りです。

4人分 　　調理時間：20分

パスタサラダ：
- ファルファッレ（リボン型パスタ）　300g
- きゅうり　3本（1cmくらいの角切り）
- サラダほうれん草　500g
- 生のミニトマト（半分か，大きめなら四等分に切る）またはチェリートマト（半分に切る）　500g
- 生のバジル（みじん切り）　1/3カップ（80ml強）

レモンビネグレット：
- オリーブオイル　1/3カップ（80ml強）
- しぼりたてレモン汁　大さじ2
- ホワイトビネガー　小さじ1

- オーガニックきび砂糖　小さじ2
- 塩　小さじ1/2
- ひきたて黒こしょう　小さじ1/2

ヴィーガンパルメザン：
- アーモンド スリーバード（細長くカットしたアーモンド）　1/2カップ（125ml）
- ニュートリショナルイースト（栄養酵母）　大さじ2
- 塩　ひとつまみ
- ガーリックパウダー　小さじ1/8

調理器具：ブレンダーまたはフードプロセッサー

1. パスタをパッケージの説明通りにゆでて，ざるにあげて水気を切っておきます。

2. 同時にレモンビネグレットをつくります。小さなボウルにレモンビネグレットの材料をすべて入れ，泡立て器で混ぜ合わせておきます。

3. ヴィーガンパルメザンをつくります。ブレンダーかフードプロセッサーにヴィーガンパルメザンの材料をすべて入れて，粉状のパルメザンチーズのようになるまでパルス（断続）運転します。

4. 大きなボウルに，1のゆでたパスタと，きゅうり，ほうれん草，トマト，バジルを入れて混ぜます。上からドレッシングをかけてさらに混ぜます。3のヴィーガンパルメザンをふりかけ，混ぜ合わせたらできあがり。密閉容器に入れて冷蔵庫で3日間保存できます。

ブロッコリーとキヌアのサラダ
カシューナッツクリームドレッシング

キヌアはグルテンフリーでたんぱく質が豊富な穀物です。しかも9種の必須アミノ酸をすべて含んでいます。私はチャーハンやカレーにお米の代わりにも使いますが，サラダにすると最高。このブロッコリーとキヌアのサラダは，温かくても冷たくてもおいしいのもうれしいところです。私はいつも夕食に温かいサラダを楽しみ，それから残り物を翌日そのままいただきます。ドレッシングはアレンジ自在。カシューナッツバターでつくるとクリーミーでマイルドな味わいですし，代わりにタヒニを使うと香ばしいごまの風味がアクセントになります。色々な楽しみ方ができるレシピです。

4人分　　　　調理時間：25分

ブロッコリーとキヌアのサラダ：
- キヌア
　　　1と1/4カップ（約310ml。水で洗う）
- ブロッコリー（小房に分ける）　　　1kg
- にんじん（中）　　　2本（せん切り）
- スライスアーモンド　1/2カップ（125ml）

カシューナッツクリームドレッシング：
- カシューナッツバター（またはタヒニ）
　　　　　　　　　　　　　　　大さじ4

- しぼりたてレモン汁　　　　　大さじ2
- ディジョンマスタード　　　　小さじ1
- にんにく　　　　1かけ（みじん切り）
- メープルシロップ（100%天然）またはアガ
  ベシロップ　　　　　　　　　小さじ1
- オリーブオイル　　　　　　　大さじ2

調理器具：蒸し器

1. キヌアをパッケージの説明通りにゆでます。軽くほぐして大きなサラダボウルに移します。

2. 1と同時に大なべに水を深さ5cmまで入れ，強火で沸騰させます。ブロッコリーを蒸し器に入れ，ふたをして約5分ほど，フォークがすっとささるくらいのやわらかさになるまで蒸したあと，冷ましておきます。

3. カシューナッツクリームドレッシングをつくります。すべての材料を泡立て器でよく混ぜ合わせます。

4. 2の蒸したブロッコリーとにんじん，スライスアーモンドを，1のキヌアに加えます。上からドレッシングをかけて軽く混ぜ合わせます。密閉容器に入れて冷蔵庫で3日間保存できます。

● りんごとケールのシンプルサラダ ●

独特の風味と濃い緑色が魅力のケール。「苦いし硬いから嫌い」という人も少なくありませんが，レモン汁など酸性の食材とあえると，やわらかく食べやすくなります。そんなコツを生かしたこのレシピはとても簡単にできて，りんごの甘さとのハーモニーがたまりません。2日間のつくりおきが可能で，前日につくっておけばケールがさらにやわらかくなり，風味も増します。

4人分   調理時間：10分

- しぼりたてレモン汁　　　　　　大さじ3
- オリーブオイル　　　　　　　　大さじ3
- ケール（茎を取り除いてから食べやすい大きさに切る）　　　　　　　　　　1.5kg
- 乾燥クランベリー　　1/3カップ（80ml強）

- りんご（グラニースミスなど歯ごたえのよい品種）　　　　　　　　1個（薄切り）
- くるみ（みじん切り）1/3カップ（80ml強）
- 自家製ヴィーガンパルメザン（152ページ）　　　　　　　　　1/2カップ（125ml）

1. 小さなボウルにレモン汁とオリーブオイルを入れ，泡立て器で混ぜます。

2. 大きなボウルにケールを入れます。1を上からかけ，ケールの表面がまんべんなく覆われてやわらかくなり始めるまで，2分ほどかけて手を使ってもみ込みます。

3. クランベリー，りんご，くるみ，自家製ヴィーガンパルメザンを加え，軽く混ぜ合わせたらできあがり。密閉容器に入れて冷蔵庫で2日間保存できます。

● 夏の定番キヌアのサラダ ●

　冷たいキヌアのサラダを食べると，私が暮らすカナダ・ハリファックスのポイントプレザント
パークでのピクニックを思い出します。夏の午後に私はよくこの公園でピクニックをするのです
が，そのときの定番メニューが，びんに入れたレモネードと，このきゅうりとキヌアのサラダ，
「しっとりチューイーなチョコチップクッキー」（205ページ）です。以前，いつもお店で買って
いたキヌアのサラダからヒントを得たレシピで，シンプルな食材が織りなす風味のハーモニーを，
今では手づくりで楽しんでいます。お店で買うよりずっと安上がりなのもうれしいところです。

4人分   調理時間：20分＋冷やすための1時間

- キヌア
　　1と1/4カップ（約310ml。水で洗う）
- ブラウンレンズ豆
　　1缶（398mlのもの。ざるにあげて水で洗
　　う。乾燥豆を使う場合はゆでて冷まし，ゆ
　　であがりの分量ではかっておく）
- きゅうり　　　　　　　　　　3〜4本
- 赤パプリカ　　　　　1個（粗みじん）

- イタリアンパセリ（みじん切り）
　　　　　　　　　　1/2カップ（125ml）
- オリーブオイル　　　　　　大さじ4
- しぼりたてレモン汁　　　　大さじ4
- にんにく　　　1かけ（みじん切り）
- 塩　　　　　　　　　　小さじ1/4

1. キヌアをパッケージの説明通りにゆで，軽くほぐして大きなサラダボウルに入れます。レン
   ズ豆，きゅうり，赤パプリカ，パセリを加えます。

2. 小さなボウルにオリーブオイル，レモン汁，にんにく，塩を入れ，泡立て器で混ぜます。サ
   ラダにかけて軽く混ぜ合わせます。ラップなどで覆って冷蔵庫に入れ，1時間以上冷やします。

おいしさのコツ
密閉容器に入れて冷蔵庫で3日間保存できます。

● ガーリッククルトン入りシーザーサラダ ●

　シーザーサラダの味の決め手となる材料はクルトンです。クルトンは自分でとても手早く簡単に手づくりできるということを，私は最近になって学びました。しかも，市販品よりもずっとおいしくできるのです！　硬くなってしまったパンを使い切るのにぴったりなので，私はいつも週末の買い出しに行く前のタイミングで，シーザーサラダをつくります。

4人分　　調理時間：20分

クルトン：
- パン（バゲットなどを1.5cmくらいの角切りにする）　　　　　2カップ（500ml）
- ヴィーガンバター（溶かす）　　　大さじ4
- ガーリックパウダー　　　　　小さじ1/4

ドレッシング：
- にんにく　　　　　　　　　　　3かけ
- マヨネーズ（動物性原料不使用）　大さじ4
- ホワイトビネガー　　　　　　　小さじ2
- ディジョンマスタード　　　　　小さじ2

- しぼりたてレモン汁　　　　　　大さじ2
- ひきたて黒こしょう　　　　　小さじ1/4
- オリーブオイル　　　1/3カップ（80ml強）

サラダ：
- ロメインレタス（大）　1個（一口大に切る）
- 大豆原料のベーコン（みじん切り）
　　　　　　　1/4カップ（60ml強。お好みで）

調理器具：ブレンダー，ベーキングトレー

1. オーブンを180℃に予熱しておきます。

2. クルトンをつくります。大きなボウルに角切りにしたパンを入れます。溶かしたヴィーガンバターとガーリックパウダーを加え，軽く混ぜてパンにまんべんなくからめます。トレーに重ならないように並べ，予熱しておいたオーブンで8分間焼き，裏返してさらに7分間，こんがりきつね色になるまで焼きます。オーブンから出して粗熱をとります。

3. ドレッシングをつくります。同時に，ブレンダーにドレッシングの材料をすべて入れて高速で1分ほど，なめらかになるまで混ぜます。

4. 大きなサラダボウルにレタス，大豆原料のベーコン（お好みで），**2**のクルトンを入れます。ドレッシングを加え，2本のフォークかサラダトングで軽く混ぜます。できたてをどうぞ。

メインディッシュ

自家製ヴィーガンソーセージの
バーベキューソースサンドイッチ

　あふれ出すくらいバーベキューソースがたっぷり入ったサンドイッチが，私は大好き。食べると必ずと言っていいほどソースで服が汚れるのですが，それも仕方がないと思えるくらいやみつきになる味です。ときおり，「自家製ヴィーガンソーセージ」（37ページ）を大量につくって新しいレシピを実験するのですが，このソースたっぷりサンドイッチはシンプルでとにかく最高においしいので，やはり繰り返しつくりたくなります。サイドディッシュとして「ケイジャンスパイス風味のポテト」（133ページ）や「ガーリッククルトン入りシーザーサラダ」（160ページ）を添えてどうぞ。

4人分　♡　調理時間：10分

- 植物油　　　　　　　　　大さじ2（分けて使う）
- 玉ねぎ（中）　　　　　　　　半分（薄切り）
- 自家製ヴィーガンソーセージ（37ページ）または市販品　　　1と1/2カップ（375ml）
- バーベキューソース（動物性原料不使用）
　　　　　　　　　　　　　3/4カップ（約190ml）
- バーガーバンズ　　　　　　　　　　4個
- マヨネーズ（動物性原料不使用）　大さじ2

トッピング（お好みで）：
- ヴィーガンチーズ（スライス）　　　適量
- 市販のコールスロー（動物性原料不使用）またはザワークラウト　　　　　　　適量
- 紫玉ねぎ（スライス）　　　　　　　適量
- レタス　　　　　　　　　　　　　　適量

1. 中くらいのフライパンを中火にかけます。油大さじ1と玉ねぎを加え，よく混ぜながら5分間，玉ねぎが透き通るようになるくらいまで炒めます。

2. 1と同時にヴィーガンソーセージを小さなかたまりに切ります。残りの油大さじ1とともに，2のフライパンに加えます。よく混ぜながらさらに3分間，ヴィーガンソーセージに焼き色がつき始めるまで炒めます。火を弱火にしてバーベキューソースを加えて混ぜ，全体にからめます。

3. バンズの上半分の内側に，マヨネーズを小さじ1と1/2ずつ塗ります。バンズの下半分には2を1/4のせ，お好みでトッピングものせます。バンズの上半分を重ねたらできたてをどうぞ。

スパイシーな自家製
ヴィーガンソーセージのタコス

　ヴィーガン料理の本に欠かせないのがタコス。これは私が「自家製グルテンミートのひき肉炒め風」（36ページ）の使い方として創作した最初のレシピでもあります。スパイシーなハラペーニョと合わせてタコスに入れるとぴったりです。私はスパイシーな食材にはクリーミーな食材を組み合わせるのが好きなので，タコスにも完熟アボカドとヴィーガンサワークリームを使います。5月5日のメキシコの祝日「シンコ・デ・マヨ」をお祝いしてメキシカンディナーパーティーを開くなら，このタコスと「ヴィーガンチーズがとろけるホットナチョス」（86ページ）がぴったりです。

4人分 調理時間：30分

- 自家製グルテンミート（36ページ参照）
　1と1/2カップ（または市販品のヴィーガン牛ひき肉340g）
- ロメインレタス（小）　　半分（せん切り）
- ハラペーニョ
　1本（種を取り除いて細かいみじん切り）
- 紫玉ねぎ（みじん切り）
　　　　　　　　1/2カップ（125ml）
- ヴィーガンチェダーチーズ（シュレッド）
　　　　　　　　1カップ（250ml）

- 完熟アボカド
　　　　1個（1cmくらいの角切りにする）
- 市販品のトマトサルサ　1カップ（250ml）
- とうもろこし粉または小麦粉のトルティーヤ
　（中くらいの大きさ）　　　　　8枚

トッピング（お好みで）：
- ヴィーガンサワークリーム
　　　　　　　　1カップ（250ml）
- 生のコリアンダー　1/4カップ（80ml強）

1. 36ページのレシピ通りにグルテンミートのひき肉炒め風をつくります（ヴィーガン牛ひき肉を使う場合は，中火にかけたフライパンで5分ほど，焼き色がつくまで炒めます）。

2. 1と，トッピング以外の残りの材料をすべてトルティーヤに同量ずつのせます。お好みでヴィーガンサワークリームをスプーンでかけ，コリアンダーを散らします。できたてをどうぞ。

● チキンパルメザン風スパゲッティー ●

みんなが大好きなチキンパルメザンは，材料を植物性のものにおき換えるだけで簡単にヴィーガン料理になります。マリナーラソースは自家製にすると，トマトの食感とさわやかな風味が味わえますが，時間がなければ市販品を使っても大丈夫。また，「チキンパルメザンの味が恋しいけれどパスタは食べたくない」という場合は，スパゲッティーの具にする代わりにサンドイッチにはさむのもおいしいものです。

4人分 ♡ 調理時間：30分

- 自家製マリナーラソース（24ページ参照）
　　　　　　　　　　　3カップ（750ml）
- ヴィーガンチキンカツ（パン粉をつけた状態のもの）　　4枚（「おいしさのコツ」参照）
- ヴィーガンモッツァレラチーズ（シュレッド）　　　　　　1カップ（250ml）
- スパゲッティー　　　　　　　　　400g

- 自家製ヴィーガンパルメザン（152ページ参照）または市販品　　　大さじ4
- イタリアンパセリ（みじん切り）
　　　　　　　　　大さじ2（お好みで）

調理器具：20cm角のオーブン皿

1. オーブンを180℃に予熱しておきます。

2. オーブン皿にマリナーラソースの半量くらいを入れ，厚さ約2.5cmになるように広げます。その上に，ヴィーガンチキンカツを重ならないように並べ，残りのマリナーラソースをかけたら，予熱しておいたオーブンで10分間焼きます。いったんオーブンから出してヴィーガンモッツァレラチーズをふりかけ，さらに15分ほど，チーズが溶けるまで焼きます。

3. 2と同時にスパゲッティーをパッケージの説明通りにゆで，ざるにあげて水気を切っておきます。

4. オーブンから2を出します。ゆでたスパゲッティーを4つのパスタ皿に同量ずつ入れ，オーブン皿のマリナーラソースをかけてから，ヴィーガンチキンカツをのせます。ヴィーガンパルメザンと，お好みでイタリアンパセリをふりかけたらできあがりです。

おいしさのコツ

　ヴィーガンチキンカツが手に入らない場合は，自家製豆腐フライ（81ページ参照）を使ってもとてもおいしくできます。

パーティーに最高
ブラックビーンズとコーンのタコス

このタコスは最高のパーティー料理。ゲストが好きなトッピングを選んでオリジナルのタコスをつくれるようにすると、とても喜ばれます。トッピングとしてレタス、ワカモーレ、サルサ、ヴィーガンチーズ、生のハーブと唐辛子ソースを大皿に並べて出せば、テーブルが一気に豪華になります。

4人分 調理時間：15分

タコスの具：
- オリーブオイル　　　　　　　　小さじ1
- 玉ねぎ　　　　　　　　半分（みじん切り）
- 赤パプリカ　　　　　　1個（みじん切り）
- ヴィーガン牛ひき肉
　　　　　　1/2カップ（125ml。お好みで）
- ブラックビーンズ（缶詰）
　　　3/4カップ（約190ml。ざるにあげて水で
　　　洗う）
- 冷凍コーン　　　　　　1/2カップ（125ml）
- 市販のトマトサルサ　3/4カップ（約190ml）
- タコス用スパイス　　　　　　　小さじ2
- とうもろこし粉または小麦粉のトルティーヤ
　（中くらいの大きさ）　　　　　　8枚

トッピング（お好みで）：
- レタス（せん切り）　　　3カップ（750ml）
- ヴィーガンチーズ（シュレッド）
　　　　　　　　　　1と1/2カップ（375ml）
- 5分でできる自家製ワカモーレ（90ページ参
　照）または市販品　1と1/2カップ（375ml）
- ヴィーガンサワークリームまたは自家製ライ
　ム入りスパイシーマヨネーズ（30ページ参照）
　　　　　　　　　　　1カップ（250ml）
- ホットソース（唐辛子ソース）　　　適量
- 生のコリアンダー（みじん切り）　　適量

1. 大きなフライパンを中火で熱します。オリーブオイル、玉ねぎ、赤パプリカを加え、よく混ぜながら5分間、玉ねぎが透き通るくらいまで炒めます。ヴィーガン牛ひき肉（お好みで）とブラックビーンズ、コーン、トマトサルサ、タコス用スパイスを加え、さらに5分間、少しとろみがつくまで炒めます。

2. 1をトルティーヤに同量ずつのせます。お好みでトッピングをのせたら、できたてをどうぞ。

おいしさのコツ
　ヴィーガン牛ひき肉とヴィーガンチーズを省くと、材料費が節約できます。その場合は「5分でできる自家製ワカモーレ」（90ページ参照）を入れると満足感が増すのでおすすめです。

● 野菜とレンズ豆のチリコンカン ●

野菜とレンズ豆がたっぷり入ったチリコンカン風の一品です。食物繊維やたんぱく質が豊富に含まれていて，ヘルシーで腹持ちがよいのがうれしいところ。ここではスープストックとトマト缶は無塩のものを使い，塩分量を調節できるようにしています。「ガーリッククルトン入りシーザーサラダ」（160ページ）などのサラダと，ディップ用に焼きたてのパンを添えてどうぞ。

4人分   調理時間：1時間15分

- オリーブオイル　　　　　　　大さじ2
- 白玉ねぎ（黄玉ねぎで代用可能）
　　　　　　　　　　　中1個（粗みじん）
- ズッキーニ（中）　　　1本（粗みじん）
- 赤パプリカ（大）　　　1個（粗みじん）
- にんじん　　　　　　　　1本（刻む）
- 無塩の野菜スープストック（自家製または市販の固形コンソメやブイヨンでつくる。有塩の野菜スープストックで代用する場合は塩を減らす）　　　　　　2カップ（500ml）

- ジュース入りカットトマト缶（無塩）
　　　　　　　　　　　4缶（約1.6L）
- 乾燥ブラウンレンズ豆
　　　　　3/4カップ（約190ml。水で洗う）
- チリパウダー　　　　　大さじ3くらい
- コリアンダー（粉末）　　　　小さじ2
- 塩　　　　　　　　　　小さじ1くらい
- 黒こしょう　　　　　小さじ1/2くらい
- 完熟アボカド
　　　　1個（1cmくらいの角切り。お好みで）

1. 大なべを中火で熱します。オリーブオイルと玉ねぎを加え，よく混ぜながら5分間，玉ねぎが透き通るくらいまで炒めます。ズッキーニ，パプリカ，にんじんを加え，さらに5分間，よく混ぜながら，野菜がやわらかくなるまで炒めます。

2. 野菜スープストック，トマト（ジュースも），レンズ豆，チリパウダー，コリアンダー，塩，こしょうを加えて混ぜ合わせます。火を強めの中火にし，軽く沸騰したらすぐに火を弱めの中火にして1時間，レンズ豆がやわらかくなり，全体にとろみがつくまで煮ます。味見をして，必要に応じてチリパウダー，塩，黒こしょうをさらに加えます。

3. 深皿4個に盛りつけ，お好みでアボカドを散らします。できたてをどうぞ。

おいしさのコツ
　食べ切れない分は密閉容器に入れて冷蔵庫で4日間，または冷凍庫で2カ月保存できます。

● ハワイ風ピザ ●

　ピザは大好きだけど，パイナップルのピザなんてあり得ない——かつての私はそんなふうに思い込んでいました。でもヴィーガンになってから，甘みのある食材をのせたピザのおいしさを発見し，今ではすっかりやみつきになっています。ここは意見が分かれるところですから，反対意見の方はお許しくださいね。でも本当においしいので，だまされたと思って一度はお試しいただきたいです。

4人分 調理時間：25分

- ピザ生地（30cm）　　　　　　　2枚
- 市販のピザソース（動物性原料不使用）
　　　2カップ（500ml。「おいしさのコツ」参照）
- ヴィーガンモッツァレラチーズ（シュレッド）
　　　　　　　　　　　3カップ（750ml）
- 赤パプリカ　　　　　　　1個（薄切り）
- 紫玉ねぎ　　　　　　　　半分（薄切り）
- 自家製グルテンミートのひき肉炒め風（36ページ参照）　1と1/2カップ（または市販品のヴィーガン牛ひき肉340g）

- パイナップル（細かく刻むかスライス）
　　　　　　　　　　　1カップ（250ml）
- バーベキューソース（動物性原料不使用）
　　　　　2/3カップ（約170ml）くらい

調理器具：円形のクッキングシートまたはピザストーン

1. ピザ生地のパッケージの説明通りにオーブンを予熱しておきます。まず1枚のピザをつくります。クッキングシートかピザストーンにピザ生地をのせます。ピザソース1カップを広げ，スプーンの背で表面をならします。ヴィーガンモッツァレラチーズを散らします。赤パプリカ，玉ねぎ，グルテンミートまたはヴィーガン牛ひき肉，パイナップルを半量トッピングします。上から全体に1/3カップ（80ml強）のバーベキューソースをかけます。

2. ピザ生地のパッケージの説明通りに焼きます。2枚目のピザも同様につくります。オーブンから出したら食べやすい大きさに切ります。

おいしさのコツ
　市販のピザソースはほとんどが動物性原料不使用ですが，メーカーによるので念のため原材料表示を確認すると安心です。

● ピッツァカプレーゼ風 ●

　ヴィーガンになった人が「食べられなくて残念」と思う料理の代表といえばピザ。でも，実際にはこんなにおいしいヴィーガンピザが手づくりできます。カプレーゼ風のピザは，バジルとトマト，そしてクリーミーで酸味の効いたチーズの組み合わせがさわやかで，サラダカプレーゼを思わせます。ほうれん草と生のバジルのおかげでとてもヘルシー。しかも鮮やかな緑色が目にもおいしいピザです。

4人分 調理時間：30分

- ピザ生地（30cm）　　　　　　　2枚
- 市販のピザソース（動物性原料不使用）
　　　　　　　　　2カップ（500ml）
- サラダほうれん草　1と1/2カップ（375ml）
- 完熟トマト（大）　　　1個（スライス）
- 自家製アーモンドリコッタ（32ページ参照）
　か自家製豆腐リコッタ（33ページ参照）また
　はヴィーガンモッツァレラチーズ（シュレッ
　ド）　　　　　　　　　3カップ（750ml）

- 生のバジル（みじん切り）
　　　　　　　　1/2カップ（125ml）

調理器具：円形のクッキングシートまたはピ
ザストーン

1. ピザ生地のパッケージの説明通りにオーブンを予熱しておきます。まず1枚のピザをつくります。クッキングシートかピザストーンにピザ生地をのせます。ピザソース1カップを広げ，スプーンの背で表面をならします。ほうれん草3/4カップ（約190ml）を全体にのせ，さらにトマトを半量のせます。リコッタの半量を小さじ半分〜1杯くらいずつのかたまりにして，全体に散らします。ヴィーガンモッツァレラチーズを使う場合は，均等な厚さになるように散らします。上にバジルをのせます。

2. ピザ生地のパッケージの説明通りに焼きます。2枚目のピザも同様につくります。オーブンから出したら，食べやすい大きさに切ります。

● ひよこ豆とレンズ豆とさつまいものカレー ●

お腹がいっぱいになって心も体も温まる豆カレーを私は一年中食べていますが，とりわけ寒い季節にはぴったりです。ライスかキヌアを添えれば栄養のバランスも満点の献立になります。

4人分 調理時間：35分

- 植物油　　　　　　　　　　大さじ2
- 玉ねぎ（みじん切り）　　　　1カップ
- にんにく　　　　2かけ（みじん切り）
- 甘口カレー粉　　　　小さじ1と1/2
- さつまいも（中）　1本（皮をむいて角切り）
- ブラウンレンズ豆
　　　1缶（398mlのもの。ざるにあげて水で洗う。乾燥豆を使う場合はゆでて冷まし，ゆであがりの分量ではかっておく）
- ひよこ豆
　　　1缶（398ml。ざるにあげて水で洗う）

- ジュース入りカットトマト缶　2缶（800ml）
- ココナッツミルク（無調整）　1缶（398ml）
- 塩　　　　　　　　　　　　　　適量
- こしょう　　　　　　　　　　　適量

カレーに添えて（お好みで）：
- 炊きたてのバスマティライス（インディカ米などの長粒種），玄米，またはキヌア　　適量
- ライム（輪切り）　　　　　　　適量

1. 大なべを中火で熱し，油と玉ねぎ，にんにくを入れ，よく混ぜながら5分間，玉ねぎが透き通るくらいまで炒めます。火を弱めの中火にしてからカレー粉，さつまいも，レンズ豆，ひよこ豆，トマト（ジュースも），ココナッツミルク，塩，こしょうを加え，ときおり混ぜながら20〜25分，フォークがすっとささるくらいにさつまいもがやわらかくなるまで炒めます。味見をしてさらに塩こしょうを加え，混ぜ合わせます。

2. お好みでライスやキヌアにかけるか，ライムを飾ってどうぞ。

● チーズ風味のマカロニグラタン ●

マカロニチーズグラタンが嫌いという人には，今まで一度も会ったことがありません。でも「ヴィーガンのマカロニチーズグラタン」となると話は別。その理由は，市販のヴィーガンチーズの味にばらつきがあるためで，自家製を使うことをおすすめします。自家製のヴィーガンチーズソースをマカロニにたっぷりかけてパン粉をのせて焼くと，かりっと焼けたおいしいグラタンができます。チーズ好きの方にこそ試していただきたい自慢のレシピです。

4人分 調理時間：40分

- マカロニ　　　　　　　　　　400g
- 自家製ヴィーガンチーズソース（31ページ参照）または市販品　　　2カップ（500ml）
- ヴィーガンチェダーチーズ（シュレッド）
　　　　　　　　　　　　　　1カップ（250ml）

- パン粉　　　　　　　1/2カップ（125ml）
- 唐辛子フレーク　　　　　　　小さじ1
- ひきたて黒こしょう　　　　　小さじ1/2

調理器具：容量2.5Lのグラタン皿

1. オーブンを180℃に予熱しておきます。

2. 1と同時にマカロニをパッケージの説明通りにゆで，ざるにあげて水気を切ります。

3. マカロニをグラタン皿に移し，チーズソースをかけて混ぜます。さらにヴィーガンチェダーチーズ，パン粉，唐辛子フレーク，こしょうの順に，全体にかけます。予熱しておいたオーブンで15分間，チーズが溶けてパン粉がこんがりきつね色になるまで焼きます。オーブンから出して5分間待ち，粗熱をとったらできあがりです。

おいしさのコツ
グルテンフリーのパスタ（玄米マカロニなど）を使い，パン粉を省くかグルテンフリーのパン粉にすれば，グルテンフリーのグラタンができます。

● メープルカレーソースのペンネ ●

カナダのニューブランズウィック州に，リリーズカフェという名前のかわいらしいレストランがあります。ここでご紹介するのは，私がヴィーガンになる前にそこで食べたパスタにヒントを得た一品です。乳脂肪分たっぷりのクリームの代わりにココナッツミルクを使い，肉を省いただけで，おいしいヴィーガン料理に変身しました。私のYouTubeチャンネルでもとりわけ人気を誇るレシピで，つくった人はみんな私と同じくらい夢中になってくれています。

4人分 ♡ 調理時間：30分

• ペンネ	400g	• ココナッツミルク（無調整）	
• アーモンドバター	大さじ6		1カップ（250ml）
• トマトペースト	大さじ2	• オリーブオイル	大さじ1
• メープルシロップ（100％天然）	大さじ4	• 赤パプリカ	大1個（薄切り）
• しょうゆ	大さじ3	• 玉ねぎ（中）	半分（みじん切り）
• カレー粉	大さじ2	• サラダほうれん草	250g
• しぼりたてレモン汁	大さじ2	• パセリ（みじん切り）	適量（お好みで）

1. 大なべでパスタをパッケージの説明通りにゆで，ざるにあげて水気を切り，なべに戻しておきます。

2. 1と同時に，中くらいのボウルにアーモンドバター，トマトペースト，メープルシロップ，しょうゆ，カレー粉，レモン汁を入れ，泡立て器で混ぜ合わせます。さらに，泡立て器で混ぜながらココナッツミルクを少しずつ加え，なめらかになるまで混ぜます。

3. 大きなフライパンを中火にかけて熱します。オリーブオイル，赤パプリカ，玉ねぎを加えます。よく混ぜながら5分間，玉ねぎが透き通って赤パプリカがやわらかくなるまで炒めます。

4. 2のカレーソースを3のフライパンに入れ，さらにほうれん草を加えます。弱火で3分間，よく混ぜながら，ソースにとろみがつくまで煮込みます。1のパスタにソースを加えてからめます。

5. 弱火にかけて2分間，そっと混ぜながらパスタを温めたらできあがりです。

● レッドペッパーソースのフェットチーネ ●

忙しい平日の夜ごはんにぴったりのパスタ料理です。多めにつくっておくと，翌日以降はさらにおいしくなります。赤パプリカの甘さと，カシューナッツのコクのあるクリーミーなソースが絶妙の組み合わせです。フェットチーネには「ヴィーガンチーズのせガーリックブレッド」（129ページ）と，「いちごとほうれん草のサラダ バターミルク風ドレッシング」（147ページ）などの軽いサラダを添えるのがおすすめです。

 4人分　調理時間：30分

- 玉ねぎ（みじん切り）　1/2カップ（125ml）
- にんにく　　　　　　　2かけ（みじん切り）
- 赤パプリカ　　　　　　大2個（粗みじん）
- フェットチーネ　　　　　　　　　300g
- 無加糖の植物性ミルク（カシューナッツミルク（22ページ参照）や市販の豆乳，アーモンドミルクなど）　3/4カップ（約190ml）
- 生のカシューナッツ
　　　　1/2カップ（125ml。22ページ参照）

- 塩　　　　　　　　　　小さじ1/2くらい
- ひきたて黒こしょう　　小さじ1/4くらい
- イタリアンパセリ（みじん切り）
　　　　　　　　　　　　適量（お好みで）
- ひきたて黒こしょう　　適量（お好みで）

調理器具：ハイパワーブレンダー

1. 大きめのフライパンを中火で熱します。オリーブオイル，玉ねぎ，にんにくを加え，よく混ぜながら3分間炒めます。赤パプリカを加えてさらに5分間，やわらかくなるまで炒め，火からおろします。

2. パスタをパッケージの説明通りにゆで，ざるにあげて水気を切っておきます。

3. ブレンダーに1の炒めた野菜，ミルク，カシューナッツを入れ，2分間ほど高速で混ぜ，なめらかなクリーム状にします。1のフライパンはそのままおいておきます。

4. 3のソースを1のフライパンに戻して弱火にかけます。塩こしょうを加えて混ぜ合わせます。焦げつかないように常に混ぜながら5〜10分，少しとろみが出るまで煮込みます。味見をして，お好みで塩こしょうを足します。

5. 1のパスタをソースに加え，弱火でさらに2分ほどそっと混ぜながら温め，パスタボウル4個に盛りつけます。お好みでイタリアンパセリやひきたて黒こしょうを散らします。

おいしさのコツ
リゾットには短粒米のアルボリオを使うとおいしくできます（日本米で代用可能）。

● レモンとアスパラガスのリゾット ●

「リゾットは高級レストランでしか味わえないもの」と思っている人が少なくないようです。でも実際には，リゾットをつくるのは決して難しくありません。少し時間がかかるだけで，誰でも失敗なくつくれます。クリーミーなリゾットのコツは，温めたスープストックを少しずつ加えながらお米に火を通すこと。こうすると，お米からでんぷん質が放出されてとろみが出ます。ゆっくり時間をかけて料理したい気分の日に，ワインを片手にリゾットづくりのプロセスを楽しむのは幸せなひとときです。

4人分   調理時間：45分

- 減塩タイプの野菜スープストック（自家製または市販の固形コンソメやブイヨンでつくる。有塩の野菜スープストックで代用する場合は塩を減らす）　4カップ（1L）
- オリーブオイル　大さじ2（分けて使う）
- 玉ねぎ（みじん切り）　1/4カップ（60ml強）
- アスパラガス
　　10本（硬い部分を取り除いて2.5cmに切る）

- アルボリオ米（日本米など短粒種で代用可能）
　　1と1/4カップ（約310ml。「おいしさのコツ」参照）
- 塩　　　　　　　　　　　　　小さじ1/4
- こしょう　　　　　　　　　　小さじ1/4
- しぼりたてレモン汁　　　　大さじ1と1/2
- 自家製ヴィーガンパルメザン（152ページ参照）または市販品　　適量（お好みで）
- ひきたて黒こしょう　　　　適量（お好みで）

1. 中なべにスープストックを入れて中火にかけます。2分間軽く沸騰させたあと，弱火にしておきます。

2. 大なべを中火で熱します。オリーブオイル大さじ1と玉ねぎを加えてよく混ぜながら5分ほど，透き通るくらいまで炒めます。アスパラガスを加え，混ぜながら3〜4分ほど，やわらかくなるまで炒めます。炒めた玉ねぎとアスパラガスを大きなボウルに移し，なべは再び中火にかけます。

3. 2の大なべに残りのオリーブオイル大さじ1と米を入れて，常に混ぜながらきつね色になるまで炒めます。1のスープストックを1/2カップ（125ml）加え，常に混ぜながら3〜4分，水分が完全に吸収されるまで炒めます。スープストックを1/2カップ（125ml）ずつ加え，常に混ぜながら30分ほど，静かに沸騰するくらいに火加減を調節しながら，米がアルデンテになるまで炒めます。

4. 塩，こしょうとレモン汁を加えて混ぜます。別にしておいたアスパラガスと玉ねぎを加え，さらに全体を混ぜ合わせます。

5. お好みでヴィーガンパルメザンとひきたて黒こしょうをかけて，熱々をどうぞ。

● 豆腐のスイートチリ丼 ●

豆腐ライスを食べるたびに1ドルもらえるとしたら，私は今頃大金持ちになっていることでしょう。平日の夜ごはんは毎晩これでもいいというくらい，飽きることがない一品です。ここではきゅうりとアボカドを使ってさわやかに仕上げましたが，にんじんやキャベツなど好きな野菜でつくってみてください。揚げ豆腐はソースをかけて時間が経つとふやけてしまうので，かりっとした食感が楽しめるできたてを食べるのがおすすめです。

4人分 調理時間：35分

- 白米または玄米　1と1/4カップ（約310ml）
- 究極の揚げ焼き豆腐キューブ（34ページ参照）　　　　4人分（豆腐1丁でつくれる分）
- スイートチリソース
　　1/2カップ（125ml。「おいしさのコツ」
　　参照）

- きゅうり　　　　3〜4本（縦に薄切りにする）
- 完熟アボカド　　　　　　　1個（スライス）
- ごま　　　　　　　　　　適量（お好みで）
- ライム　　　　　　　　　　1個（輪切り）

1. 米を炊いておきます。

2. 1と同時に，34ページのレシピ通りに究極の揚げ焼き豆腐キューブをつくります。

3. 2の揚げ焼き豆腐を大きなボウルに入れてチリソースをかけ，軽く混ぜて全体にからめます。

4. 炊き上がったご飯に，揚げ焼き豆腐とソース，きゅうり，アボカドをのせます。お好みでごまをかけ，ライムを添えたらできあがりです。

おいしさのコツ

　スイートチリソースはにんにくと唐辛子フレークが入ったとろみがある甘いソース。タイではとても人気のある調味料で，たいていの食料品店やスーパーで手に入ります。「究極の揚げ焼き豆腐キューブ」（34ページ参照）にぴったりですし，春巻きやフライドポテトにつけて食べるのもおいしいです。

おいしさのコツ
　パッタイを1人分ずつ，中身を
くりぬいたそうめんかぼちゃの皮
に入れて出すのも楽しいものです。

● そうめんかぼちゃのパッタイ風 ●

パッタイは私の大好きなテイクアウトメニュー。野菜をもりもり食べたい気分の日には，そうめんかぼちゃを使ったパッタイ風の料理をつくります。そうめんかぼちゃは米粉の麺とは違う食感が楽しめ，カリウムやビタミンA，食物繊維がたっぷりとれます。

4人分 ♡ 調理時間：45分

- そうめんかぼちゃ（1個1.25kg）
  2個（縦半分に切って種を出す）
- 植物油　　　　　　大さじ2（分けて使う）
- 自家製タイ風ピーナッツソース（28ページ参照）　　　　　1/2カップ（125ml）
- もめん豆腐
  375g（1丁。2cmくらいの角切り）
- 赤パプリカ　　　　　　　　1個（薄切り）
- にんじん（中）　　　　　　1本（粗みじん）

- 細ねぎ　　　　　　　3本（小口切り）

トッピング（お好みで）：
- もやし　　　　　　　　　　　　　適量
- 生のコリアンダー　　　　　　　　適量
- ピーナッツ（みじん切り）　　　　適量

調理器具：クッキングシートを敷いたベーキングトレー

1. オーブンを220℃に予熱しておきます。
2. そうめんかぼちゃの切り口全体に油を小さじ1ずつ刷毛で塗り，切り口を下にしてクッキングシートの上に並べます。予熱しておいたオーブンで35分間，フォークがすっとささるくらいのやわらかさになるまで焼きます。
3. 2と同時に28ページのレシピ通りにタイ風ピーナッツソースをつくります。
4. そうめんかぼちゃの焼きあがり10分前になったら，大きなフライパンを中火で熱します。残りの油小さじ2，豆腐，赤パプリカ，にんじんを入れ，よく混ぜながら5分間，野菜がやわらかくなるまで炒めます。細ねぎを加えてさらに1分間，細ねぎがやわらかくなるまで炒めて火からおろします。
5. オーブンからかぼちゃを出して裏返します。フォークを使って中身を「そうめん」状にほぐし，大皿に入れます。全体にピーナッツソースをかけて軽く混ぜ，全体にからめます。野菜と豆腐を加えてそっと混ぜ合わせます。お好みでさらにもやし，コリアンダー，ピーナッツを散らします。できたてをどうぞ。

● 豆腐入り野菜チャーハン ●

単品でもメインディッシュになりますし，ボリューム感のあるサイドディッシュがほしいときにもぴったりのチャーハンです。中華風のディナーを楽しみたいときは，「豆腐のスイートチリ丼」（186ページ）のごはんの代わりにこのチャーハンを添え，「蒸し野菜のごまソースあえ」（118ページ）もつくります。温め直してもおいしいので，多めにつくって翌日のランチにするのもおすすめです（「おいしさのコツ」参照）。

4人分 ♡ 調理時間：30分

- 白米または玄米　1と1/4カップ（約310ml）
- 植物油　　　　　　　　　　　　大さじ1
- もめん豆腐　　　　　　　　250g（砕く）
- ターメリック　　　　　　　　小さじ1/2
- 塩　　　　　　　　　　　　　小さじ1/4
- にんじん（中）　　　　　2本（みじん切り）
- 冷凍グリーンピース　　1/2カップ（125ml）
- 冷凍コーン　　　　　　1/2カップ（125ml）
- 水　　　　　　　　　　　　　　大さじ1

- 細ねぎ（小口切り）　　1/3カップ（80ml強）
- 減塩しょうゆ　　　　　　　　　大さじ3
- ごま油　　　　　　　　　　　　小さじ1
- 黒こしょう　　　　　　　　　小さじ1/4

トッピング：
- 生のコリアンダー　　　　　　　　　適量
- 生の赤唐辛子（小口切り）　　　　　適量

1. 米を炊いておきます。

2. 1と同時に，大きなフライパンか中華なべを中火にかけて熱します。油，豆腐，ターメリック，塩を入れ，よく混ぜながら5分ほど，豆腐が鮮やかな黄色になり，焼き色がつき始めるまで炒めます。

3. 2のフライパンに，にんじん，グリーンピース，コーン，水を加えます。ふたをするかクッキングシートでおおい，頻繁にふたを開けて混ぜながら8分間，にんじんがやわらかくなるまで煮ます。1の炊いた米と細ねぎ，しょうゆ，ごま油を加えて混ぜます。よく混ぜながらさらに5分間，米全体にしょうゆがからんで風味がとけあうまで炒めます。

4. 火からおろし，こしょうを振りかけて全体を混ぜ，大皿に盛りつけてコリアンダー，赤唐辛子を散らします。

おいしさのコツ
チャーハンは密閉容器に入れて冷蔵庫で3日間保存できます。食べる前に電子レンジで全体を温めます。

辛さがたまらない
豆腐と野菜のドラゴン焼きそば

　数年前にYouTubeチャンネルで発表したレシピですが，今も自分でよくつくる私の定番メニューです。辛いスリラチャソースと，ヴィーガンバターのまろやかな風味のハーモニーがたまりません。辛さの感覚には個人差があるので，辛さに敏感な方はまずスリラチャソースと唐辛子フレークを半量にしてつくり，味見をして好みに応じて足してください。反対に自信がある方はどうぞご遠慮なく，もっと唐辛子を足して辛さを満喫してください！

4人分 ♡ 調理時間：25分

- パッタイ用の米粉麺　　　　　400g
- ヴィーガンバター　　大さじ3（分けて使う）
- もめん豆腐　　　　　175g（砕く）
- 細ねぎ（小口切り）
　　　　3/4カップ（約190ml。分けて使う）
- 赤パプリカ　　　　　1個（薄切り）
- キャベツ（せん切り）　1カップ（250ml）

- 減塩しょうゆ　　　　1/2カップ（125ml）
- メープルシロップ（100%天然）またはブラウンシュガー　　1/3カップ（80ml強）
- スリラチャソース　　　　　　大さじ2
- 唐辛子フレーク　　　　小さじ1と1/2
- ごま　　　　　　　　適量（お好みで）

1. 麺をパッケージの説明通りにゆで，ざるにあげて水気を切っておきます。

2. 大きなフライパンを中火にかけ，ヴィーガンバター大さじ2を入れて1分ほど熱して溶かします。豆腐，細ねぎ1/2カップ（125ml），赤パプリカ，キャベツを加え，よく混ぜながら8分間，豆腐に焼き色がつき始めるくらいまで炒めます。

3. 小さなボウルにしょうゆ，メープルシロップ，スリラチャソース，唐辛子フレークを入れて混ぜ合わせておきます。

4. 2のフライパンに残りのヴィーガンバター大さじ1を加え，溶けたら1のゆでた麺と3のソースを加え，混ぜて全体にからめます。そっと混ぜながらさらに1〜2分，ソースにとろみがつくまで炒めます。

5. 深皿4個に盛りつけ，ごま（お好みで）と残りの細ねぎを散らします。

スイーツ

● 私の最愛バナナブレッド ●

みんなにつくり方を教えたい基本のおやつといえば，バナナブレッド。ナッツバターを塗れば朝ごはんにぴったりですし，生地にチョコレートチップを入れて焼けば（「おいしさのコツ」参照），立派なデザートになります。皮に斑点がたくさんできるくらい完熟して甘みが増したバナナを使うとおいしくできます。家にバナナが何本かあると，いつでもバナナブレッドがつくりたくなります。

1本 〇 調理時間：1時間15分

- 無漂白の中力粉（強力粉と薄力粉を同量ずつ混ぜて代用可能） 1と3/4カップ（440ml）
- オーガニックきび砂糖 1/3カップ（80ml強）
- ベーキングパウダー 小さじ2
- 重曹 小さじ1/2
- 完熟バナナ（中）
  4本（1と1/4カップ＝約310mlくらい。フォークでつぶす）

- ココナッツオイル 大さじ4（溶かす）
- バニラエッセンス 小さじ1

調理器具：クッキングシートを敷いた10cm
×20cmのローフパン

1. オーブンを180℃に予熱しておきます。

2. 中くらいのボウルに，粉，砂糖，ベーキングパウダー，重曹を入れ，泡立て器で混ぜます。

3. 大きなボウルにつぶしたバナナ，ココナッツオイル，バニラエッセンスを入れ，泡立て器で混ぜます。2の粉類を加えてざっくりと混ぜます。

4. シートを敷いておいたローフパンに生地を入れて，予熱しておいたオーブンで55〜60分，焼き色がついて表面に割れ目ができるまで焼きます。竹串を中央にさしたときに，乾いた小さなかけらが少しだけついてくる状態になったら焼きあがりです。金網で完全に冷ましてから型から出します。切ってすぐに食べるか，密閉容器に入れて冷蔵庫で5日間保存できます。

おいしさのコツ
　チョコレートチップ入りバナナブレッドをつくるには，生地を型に入れる前に，1/2カップ（125ml）のチョコレートチップ（動物性原料不使用）を混ぜ込みます。

クリームチーズ風フロスティングを
かけたキャロットケーキ

　文句なしにおいしいヴィーガンのキャロットケーキのレシピを完成させるのは想像以上に難しく，はじめは失敗続きでした。伝統的なキャロットケーキのレシピは，卵をたくさん使うことで生地をしっかりとふくらませます。あきらめずに試作を重ねた結果，ヴィーガンの代用卵と，ベーキングパウダー，りんご酢のちょうどよい配合を割り出し，よくふくらんで食感も最高のヴィーガンキャロットケーキのレシピができあがりました。

12人分 調理時間：1時間30分

- 粉末状のエッグリプレーサー（代用卵）
  大さじ2
- 水　　　　　　　1/4カップ（60ml強）
- 無漂白の中力粉（強力粉と薄力粉を同量ずつ
  混ぜて代用可能）　2カップ（500ml）
- 重曹　　　　　　　　　　　　大さじ2
- ベーキングパウダー　　　　　大さじ2
- 塩　　　　　　　　　　　　　小さじ1
- ナツメグ（粉末）　　　　　小さじ1/4
- シナモンパウダー　　　　　　小さじ1
- オーガニックきび砂糖　2カップ（500ml）
- 植物油　　　　　3/4カップ（約190ml）
- 無加糖のアップルソース（市販品。りんごを刻
  んで煮詰めたもの）　3/4カップ（約190ml）

- りんご酢　　　　　　　　　　大さじ1
- にんじん（粗くおろす）　3カップ（750ml）

クリームチーズ風フロスティング：
- ヴィーガンクリームチーズ　　　　175g
- ヴィーガンバター　　1/3カップ（80ml強）
- バニラエッセンス　　　　　　小さじ1
- しぼりたてレモン汁　　　　　小さじ1
- 粉砂糖　　　　3～4カップ（750ml～1L）

調理器具：油を塗り小麦粉をふった33cm×
　　　　　23cmのローフパン，ハンドミキ
　　　　　サー

1. オーブンを180℃に予熱しておきます。

2. 小さなボウルにエッグリプレーサーと水を入れ，泡立て器で混ぜておきます。

3. 大きなボウルに小麦粉，重曹，ベーキングパウダー，塩，ナツメグ，シナモンを入れ，泡立て器で混ぜます。

（200ページに続きます）

4. 別の大きなボウルに砂糖, 油, アップルソース, りんご酢, 2の水に溶いたエッグリプレーサーを入れて混ぜ合わせます。これを3の粉類のボウルに加え，ざっくりと混ぜ合わせます。おろしたにんじんも加え，さらに混ぜ合わせます。

5. 用意しておいた型に流し込み，表面をならしてから，予熱しておいたオーブンで1時間ほど焼きます。竹串を中央にさしたときに, 乾いた小さなかけらが少しだけついてくる状態になったら焼きあがりです。オーブンから出して型のまま金網にのせ，完全に冷ましておきます。

6. 5と同時に，クリームチーズ風フロスティングをつくります。大きなボウルにヴィーガンクリームチーズとヴィーガンバターを入れて，ハンドミキサーで混ぜ合わせます。バニラエッセンスとレモン汁を加えてさらに1分ほど，なめらかになるまで混ぜます。

7. 粉砂糖を1/2カップ（125ml）ずつ加え，一度加えるごとに，軽くふんわりとするまでハンドミキサーで混ぜます。ハンドミキサーをボウルから持ち上げたときに落ちてこないくらいの硬さになれば，フロスティングは完成です。粉砂糖は，全量は必要ないかもしれません。

8. 冷ましておいた5のケーキを型から出し，その上にナイフを使ってフロスティングを飾ります（側面にもフロスティングをかけたい場合は，大皿にケーキを逆さにおき，フロスティングを上面と側面に塗ります）。

おいしさのコツ

フロスティングをかけたキャロットケーキは，密閉容器に入れて冷蔵庫で4日間保存できます。

手早くふんわり
発酵なしのシナモンロール

　長い間，シナモンロールを焼く幸せなひとときが夢でした。なんとも言えない温かい甘い香りがキッチンに漂い，どんな日でもクリスマスの朝みたいな気分になれるはず。そんなふうに憧れつつも，長時間生地を発酵させるのが面倒で，挑戦したことがありませんでした。そこで考案したのがこのレシピ。イーストも数時間にわたる発酵も不要で，たったの40分でふんわりしたシナモンロールが焼きあがります。

 8人分　調理時間：40分

- 中力粉（強力粉と薄力粉を同量ずつ混ぜて代用可能）　　　　2カップ（500ml）
- ベーキングパウダー　　　　小さじ4
- オーガニックきび砂糖　　　　大さじ3
- ヴィーガンバター
　　　　大さじ4（冷やした状態で使う）
- 無加糖の植物性ミルク（カシューナッツミルク（22ページ参照）や市販の豆乳，アーモンドミルクなど）　　2/3カップ（約170ml）くらい
- ヴィーガンバター
　　　　大さじ3（やわらかくしておく）

- ブラウンシュガー
　　　　1/3カップ（80ml強。計量カップに入れたら軽く押し入れて空気を抜き1/3カップをはかる）
- シナモンパウダー　　　　小さじ2

調理器具：あればペストリーブレンダー，クッキングシートを敷いたベーキングトレー

1. オーブンを200℃に予熱しておきます。

2. 大きなボウルに粉，ベーキングパウダー，きび砂糖を入れます。冷えたヴィーガンバターを加え，ペストリーブレンダーか2本のナイフを使って粉の中で切り，全体がほろほろの砂状になるまで細かくします。ミルクを加え，ひとまとまりの生地になるまでこねすぎないように混ぜます。湿り気が足りなければ，様子を見ながらミルクを小さじ1ずつ足し，ベタつかない程度になめらかな生地にします。

3. 生地をボウルから出して，軽く粉をふった台かまな板にのせます。生地をのばしてたたむ作業を8回繰り返してから，30cm×15cmの長方形になるようにめん棒でのばし，長いほうの辺を手前に向けておきます。

4. やわらかくしたヴィーガンバターを生地に塗ります。このとき，向こう側のふちは幅2.5cmあけておきます。

（202ページに続きます）

5. 小さなボウルにブラウンシュガーとシナモンを入れて混ぜ，**4**の生地に均等に広げます。このときバターを塗っていない幅2.5cmの部分はあけておきます。

6. 生地を手前から平行に持ち上げ，フィリングの上にぴったりかぶせるようにして，生地をロール状に巻いていきます。巻き終わりは端を軽く押しつけてはがれないようにしてから，8等分に切ります。シートを敷いておいたトレーに，5cmずつ間をあけて生地を並べます。

7. 予熱しておいたオーブンで12〜14分，こんがりきつね色になり表面がかりっとなるまで焼きます。オーブンから出してトレーに入れたまま5分間おき，粗熱をとったらできあがりです。完全に冷ましてから，密閉容器に入れて冷蔵庫で3日間保存できます。

おいしさのコツ

シナモンロールにクリームチーズ風フロスティング（199ページ参照）をのせると，おもてなしにもぴったりの豪華なスイーツになります。ふだんはレシピを半量でつくり，早めに食べ切るのがおすすめです。

おいしさのコツ

　ソフトタイプのヴィーガンマーガリンが手に入らない場合は、同量のヴィーガンバターまたはココナッツオイルと植物性ミルク大さじ2（材料外）で代用してもおいしくつくれます。

　熱伝導性の高い濃色のベーキングトレーを使う場合の焼き時間は9〜10分、そうでない場合は11〜12分となります。

しっとりチューイーな
チョコチップクッキー

　一度食べたらすっかりやみつきになるチョコチップクッキーです（YouTubeを見ると，私のレシピの中でもとくにアクセス数が高いのがこのレシピなのです）。焼きたてのおいしさにはみんなが夢中になり，あっという間にお皿が空になるので，私は友だちを招くときにはいつも材料を倍量にしてつくります。

15枚 調理時間：30分

- 中力粉（強力粉と薄力粉を同量ずつ混ぜて代用可能）　　　　　1と1/2カップ（375ml）
- 重曹　　　　　　　　　　　　　小さじ1
- ベーキングパウダー　　　　　　小さじ1
- 塩　　　　　　　　　　　　　小さじ1/4
- ソフトタイプのヴィーガンマーガリン
　　　1/2カップ（125ml。「おいしさのコツ」参照）
- ブラウンシュガー
　　　1カップ（250ml。計量カップに入れたら軽く押し入れて空気を抜き1カップをはかる）

- 無加糖の植物性ミルク（カシューナッツミルク（22ページ参照）や市販の豆乳，アーモンドミルクなど）　　　　　　　大さじ4
- バニラエッセンス　　　　　　　小さじ1
- チョコレートチップ（動物性原料不使用）
　　　　　　　　　　　1/3カップ（80ml強）
- シーソルト（海塩）　　　適量（お好みで）

調理器具：クッキングシートを敷いたベーキングトレー

1. オーブンを180℃に予熱しておきます。

2. 中くらいのボウルに，粉，重曹，ベーキングパウダー，シーソルトを入れ，泡立て器で混ぜ合わせます。

3. 大きなボウルにヴィーガンマーガリンとブラウンシュガーを入れ，なめらかなクリーム状になるまで混ぜます。ミルクとバニラエッセンスを加え，さらに混ぜ合わせます。

4. 3のボウルに2の粉類の半量を入れて混ぜ合わせます。残りの半量とチョコレートチップを加えてさらに混ぜ，ひとまとまりの生地にします。

5. 生地を，クッキー1枚あたり大さじ1と1/2ずつスプーンですくって，シートを敷いておいたトレーにのせます。

6. 予熱しておいたオーブンで9〜12分，表面がこんがりきつね色になるまで焼きます（「おいしさのコツ」参照）。オーブンから出して，トレーにのせたまま5分間おいて粗熱をとります。お好みでシーソルトをふりかけます。焼きたての温かいうちに食べるか，完全に冷ましてから密閉容器に入れて常温で5日間保存できます。

チョコレートとくるみのクッキーバー

　パーティーや親戚のディナーに招かれたとき，私がいつも持ち寄るスイーツといえばクッキーバー。つまりは焼き型いっぱいに生地を広げて大きなクッキーを焼き，長方形に切り分けたお菓子です。トレーに入れたまま持っていけるので，おみやげに持参するのにぴったり。ナッツを食べない方は，くるみを省いてもつくれます。歯ごたえがいいのと，オメガ3がとれることから私はくるみを入れますが，入れなくてもとてもおいしいクッキーバーができます。

4人分　　調理時間：30分

- 中力粉（強力粉と薄力粉を同量ずつ混ぜて代用可能）　　　1と1/2カップ（375ml）
- 重曹　　　　　　　　　　　　　　小さじ1
- ベーキングパウダー　　　　　　　小さじ1
- 塩　　　　　　　　　　　　　　小さじ1/4
- 無加糖のココアパウダー　　　　　大さじ4
- ヴィーガンバター　　　1/2カップ（125ml）
- ブラウンシュガー
　　　1カップ（250ml。計量カップに入れたら軽く押し入れて空気を抜き1カップをはかる）

- 無加糖の植物性ミルク（カシューナッツミルク（22ページ参照）や市販の豆乳，アーモンドミルクなど）　　　　　　　大さじ4
- バニラエッセンス　　　　　　　　小さじ1
- チョコレートチップ（動物性原料不使用）
　　　　　　　　　　　1/4カップ（60ml強）
- くるみ（粗みじん）　1/4カップ（60ml強）

調理器具：20cm角のローフパン

1. オーブンを180℃に予熱しておきます。

2. 中くらいのボウルに，粉，重曹，ベーキングパウダー，塩，ココアパウダーを入れ，泡立て器で混ぜ合わせます。

3. 大きなボウルにヴィーガンバターとブラウンシュガーを入れ，軽くふんわりしたクリーム状になるまで混ぜます。

4. 3のボウルに2の粉類の半量を入れて混ぜ合わせます。残りの半量，チョコレートチップ，くるみを加えてさらに混ぜ，ひとまとまりの生地にします。

5. ローフパンに入れ，均等な厚さになるように表面をならします。予熱しておいたオーブンで20分間，表面が少しふくらむまで焼きます。オーブンから出して，そのまま5〜10分おいて粗熱をとり，12本のバー状に切ったらできあがり。できたてでも，冷めてもおいしいです（「おいしさのコツ」参照）。

おいしさのコツ
完全に冷ましたクッキーバーは密閉容器に入れて常温で4日間，または冷蔵庫で1週間保存できます

● 焼かずに混ぜるだけの一口ブラウニー ●

10分でつくれて，焼く必要もないのがうれしいブラウニーのレシピです。「チョコレート味の
おやつが食べたいけれど，ヘルシーじゃないとだめ」という気分のときにつくります。おいしさ
の秘訣は，自然の甘みがあるデーツがたっぷり入っていること。すぐに食べ切れるよりも多めに
つくるのもおすすめです。密閉容器に入れて冷凍庫で1週間保存できます。

約24個分   調理時間：10分

- くるみまたはピーカンナッツ
  1と1/2カップ（375ml）
- メジョール種のデーツ　2カップ（500ml）
- 無加糖のココアパウダー
  1/2カップ（125ml）

- バニラエッセンス　　　　　　小さじ1
- 塩　　　　　　　　　　　　小さじ1/4

調理器具：フードプロセッサー

1. フードプロセッサーにすべての材料を入れ，3分間混ぜます。必要なら途中で止めて，上の
   ほうにくっついた分をゴムベラで下の中身とまとめるように入れ直してから再開し，まと
   まった生地になるまで混ぜます。大さじ1ずつ手のひらで丸めてボール状にし，ベーキング
   トレーなどの容器に重ならないようにのせます。

2. 冷蔵庫に入れて1時間冷やし固めたらできあがり。すぐに食べない場合は，密閉容器に入れ
   て冷蔵庫で4日間，または冷凍庫で1カ月保存できます

おいしさのコツ

できあがった一口ブラウニーに無加糖のココアパウダーをまぶすと，さらに豪華なスイーツになります。
ディナーパーティーへのおみやげや，お友だちへのプレゼントにぴったりです。

● キャラメルソースがけ深皿アップルパイ ●

私の祖母のレシピをもとにしたスイーツです。父が子どもの頃に大好きだったおやつで，バニラアイスクリームを添え，手づくりのキャラメルソースをかけて食べるのがお決まりだったとか。うれしいことに，とても簡単にヴィーガンのレシピに応用できました。ぜひともヴィーガンバニラアイスクリームを添えてお楽しみください。

6〜8人分 調理時間：1時間30分

パイ生地：
- 無漂白の中力粉（強力粉と薄力粉を同量ずつ混ぜて代用可能）　　2カップ（500ml）
- オーガニックきび砂糖　　　　　大さじ2
- ショートニング
　　　　　3/4カップ（約190ml。冷しておく）
- 冷水　　　　　　　　　　　大さじ3

フィリング：
- オーガニックきび砂糖　1/2カップ（125ml）
- シナモンパウダー　　　　　　　小さじ2
- ナツメグ（粉末）　　　　　　　小さじ1/2
- りんご（皮をむいて薄切り）
　　　　8カップ（2L。大6個分くらい。211ページの「おいしさのコツ」参照）

- 水　　　　　　　　　　　　　大さじ2
- 自家製キャラメルソース（39ページ参照）または市販のキャラメルソース（動物性原料不使用）　　1と1/2カップ（375ml。温めておく）
- ヴィーガンバニラアイスクリーム
　　　　　　　　　　　適量（お好みで）

調理器具：あればペストリーブレンダー，深さ10cm直径23cmのボウル型のオーブン皿または容量2.5Lの深めのオーブン皿

1. パイ生地をつくります。大きなボウルに粉と砂糖を入れます。冷たいショートニングを加え，ペストリーブレンダーか2本のナイフで粉の中で切り，全体がほろほろの砂状になるまで細かくします。冷水を加え，ひとまとまりの生地になるまで混ぜます。生地を円盤状にまとめてラップですきまなく包みます。30分以上，あるいは翌日まで冷蔵庫で冷やします（30分を超えて冷やす場合は，のばす前に室温に戻します）。

2. オーブンを190℃に予熱しておきます。

3. 2と同時にフィリングをつくります。小さなボウルに砂糖，シナモン，ナツメグを入れて泡立て器で混ぜ合わせます。

（211ページに続きます）

4. りんごをオーブン皿に入れ，**3**のボウルの中身をふりかけて混ぜ合わせます。水を上から全体に少しずつかけます。

5. 粉をクッキングシートかワックスペーパーの上にふりかけます。**1**のパイ生地をめん棒で厚さ0.5cmにのばし，直径25cmくらいの円形（オーブン皿にフィットする大きさ）にします。ペストリーをシート（ペーパー）ごとオーブン皿の上に裏返しにのせてから，シート（ペーパー）をはがします。ボウルの端からはみ出した生地をナイフで切り落としてから，生地のふちをオーブン皿の内側に入れ込みます。ナイフかフォークで蒸気を逃すための穴を全体に開けます。

6. 予熱しておいたオーブンで40分間，こんがりきつね色になるまで焼きます。オーブンから出して粗熱をとってから，取り皿に盛りつけます。キャラメルソースを全体にかけて，お好みでバニラアイスクリームを添えてどうぞ。

おいしさのコツ

紅玉やグラニースミスなど，加熱しても煮崩れしにくい品種のりんごを使うとおいしくできます。

● そのまま食べるクッキードウ ●

　カナダの子どもたちはたいていそうですが，私が子どもの頃にクッキーづくりで一番好きだったのは，母の見ていないすきに生地をつまみ食いすることでした。そして今ふり返ると，私が見ていないすきに母もこっそり味見していたに違いありません。ここでご紹介するレシピは，卵も小麦粉も入っていないので安心して生で食べられるクッキードウです。そのまま食べるか，パンケーキやアイスクリーム，グラハムクラッカーにのせてどうぞ。

1と1/4カップ＝約310ml 調理時間：10分

- オーツ麦粉　　　1と3/4カップ（約440ml）
- 塩　　　　　　　　　　　　　小さじ1/4
- ヴィーガンバター
　　　　　　　大さじ4（やわらかくしておく）
- ブラウンシュガー
　　　1/2カップ（125ml。計量カップに入れたら軽く押し入れて空気を抜き1/2カップをはかる）

- 無加糖の植物性ミルク（カシューナッツミルク（22ページ参照）や市販の豆乳，アーモンドミルクなど）　　　　　　　　大さじ2
- バニラエッセンス　　　　　小さじ1/2
- チョコレートチップ（動物性原料不使用）
　　　　　　　　　　　1/4カップ（60ml強）

1. 中くらいのボウルでオーツ麦粉と塩を混ぜます。

2. 別の中くらいのボウルにヴィーガンバターとブラウンシュガーを入れ，なめらかなクリーム状になるまで混ぜます。ミルクとバニラエッセンスを加え，さらに混ぜ合わせます。

3. 2のボウルに1の粉類を加えてまとまるまで混ぜ，さらにチョコレートチップを混ぜ合わせたらできあがり。一口大に丸めてもよいですし，そのままパンケーキなどにかけてもよいでしょう。密閉容器に入れて冷蔵庫で1週間，または冷凍庫で1カ月保存できます。

おいしさのコツ

　オーツ麦粉は，市販品が入手できなくても大丈夫。簡単に手づくりできます。オートミール（大粒またはインスタント）1と3/4カップ（約440ml）をブレンダーかフードプロセッサーで細かい粉状になるまで砕き，細かい網目のふるいにかけて皮を取り除いてから使うと，なめらかなクッキードウができます。

おいしさのコツ

　完全に冷ましたジンジャーブレッドケーキは，キャラメルソースをかけていない状態で密閉容器に入れ，常温で2日間，冷蔵庫で4日間保存できます。食べるときには一切れずつ，電子レンジの温度を中に設定して温め直します。キャラメルソースは，耐熱容器に入れて電子レンジで温めますが，ときおり中断して混ぜながら全体に熱を通します。キャラメルソースは冷たい状態になると固まりますが，温めるとまたゆるくなります。食べる直前にジンジャーブレッドケーキにかけてください。

● キャラメルソースがけジンジャーブレッド ●

　さわやかな秋晴れで肌寒い日の午後，紅茶を入れて読書に夢中になるひととき ── スパイスたっぷりのジンジャーブレッドからは，そんな幸せな香りが漂います。クリスマスの伝統菓子であるジンジャーブレッドクッキーよりも，ここでご紹介するしっとりやわらかいジンジャーブレッドケーキのほうが，私はさらに好きです。ジンジャーブレッドならではのスパイスの香りが楽しめ，キャラメルソースをかけてココナッツホイップクリームを添えればさらに魅惑のスイーツになります。

9人分 　　調理時間：1時間15分

- 中力粉（強力粉と薄力粉を同量ずつ混ぜて代用可能）　　　　　2カップ（500ml）
- 重曹　　　　　　　　　　　　　　小さじ1
- ベーキングパウダー　　　　　　小さじ1/2
- 塩　　　　　　　　　　　　　　小さじ1/4
- 生姜パウダー　　　　　　　　　　小さじ1
- シナモンパウダー　　　　　　　　小さじ1
- オールスパイス（粉末）　　　　　小さじ1
- ショートニング　　　1/3カップ（80ml強）
- オーガニックきび砂糖　1/2カップ（125ml）

- モラセス（ライト）　　　1カップ（250ml）
- 無加糖のアップルソース（市販品。りんごを刻んで煮詰めたもの）1/4カップ（60ml強）
- 入れたての紅茶（オレンジペコなどおいしい紅茶を使う）　　　1カップ（250ml）
- 自家製キャラメルソース（39ページ参照）
　　　　1と1/2カップ（375ml。温めておく）
- ココナッツホイップクリーム（お好みで）

調理器具：油を塗った20cm角のローフパン

1. オーブンを180℃に予熱しておきます。

2. 中くらいのボウルに，粉，重曹，ベーキングパウダー，塩，生姜，シナモンパウダー，オールスパイスを入れ，泡立て器で混ぜ合わせます。

3. 大きなボウルにショートニングとオーガニックきび砂糖を入れ，なめらかなクリーム状になるまで混ぜます。モラセスとアップルソースを加えて混ぜ合わせ，熱い紅茶を加えてさらに混ぜ合わせます。最後に2の粉類を入れて混ぜ合わせます。

4. 3の生地をローフパンに流し入れます。予熱しておいたオーブンで40〜45分焼きます。竹串を中央にさしたときに，小さなかけらが少しだけついてくる状態になったら焼きあがりです。

5. オーブンから出してそのまま金網にのせて10分間おき，粗熱をとったらできあがりです。9等分に切り分けて温かいままキャラメルソースをかけ，お好みでココナッツホイップクリームを添えてどうぞ。

● チョコレートラズベリーミニケーキ ●

　スイーツをこよなく愛する私は，色々な言い訳をしつつ，1人分ずつに分かれているデザートをつくります。ほかの誰ともシェアしないで思う存分味わいたいからです！　このレシピは友だちを招くときには理想的。とても簡単なのに，粉砂糖をふりかけて生のラズベリーを飾るだけで，本格的なデザートができあがります。ラズベリーはかわいらしいだけではなく，チョコレートとのハーモニーがたまらないおいしさです。

4人分　　調理時間：30分

- 中力粉（強力粉と薄力粉を同量ずつ混ぜて代用可能）　　　　　　　　　1カップ（250ml）
- オーガニックきび砂糖　　　　3/4カップ（約190ml）
- 無加糖のココアパウダー　　　　　　大さじ4
- ベーキングパウダー　　　　　　　　小さじ1
- 無加糖の植物性ミルク（カシューナッツミルク（22ページ参照）や市販の豆乳，アーモンドミルクなど）　　　　1カップ（250ml）

- 植物油　　　　　　　　　　　　　　大さじ4
- チョコレートチップ（動物性原料不使用）　　　　　　　　　　　1/3カップ（80ml強）
- 粉砂糖　　　　　　　　　　　　　　大さじ4
- 生のラズベリー　　1/2カップ（125ml）

調理器具：容量175mlのココット皿4個

1. オーブンを180℃に予熱しておきます。

2. 中くらいのボウルに，粉，砂糖，ココアパウダー，ベーキングパウダーを入れ，泡立て器で混ぜます。ミルク，油，チョコレートチップを加え，さらに混ぜ合わせます。

3. 生地をココット皿4個に均等に入れます。予熱しておいたオーブンで22〜26分焼きます。竹串を中央にさしたときに，小さなかけらが少しだけついてくる状態になったら焼きあがりです。

4. オーブンから出して10分間おき，粗熱をとったらできあがりです。それぞれに粉砂糖をふり，ラズベリーを飾ります。温かいうちにどうぞ。

おいしさのコツ
　完全に冷ましてから，密閉容器に入れて常温で2日間保存できます。

おいしさのコツ

　私が暮らすカナダでは，生の桃が手に入るのはごく限られた時期だけです。缶詰の桃を使う場合，網目の細かいざるにあげて水気を切ってから水で洗い，2カップ〈500ml〉をはかってから，レシピ通りにつくります。

● ロザリーおばあちゃんのピーチコブラー ●

祖母のロザリーから受け継いだおばあちゃんのおやつです。乳製品の代わりにアーモンドミルクとヴィーガンバターを使うだけで，あっという間においしいヴィーガンスイーツに変身しました。しかも，一年中つくれるのもうれしいところ。旬の季節には生の桃を，手に入らないときは缶詰の桃を使ってください。

4 〜 6人分 ♥ 調理時間：1時間

- 無漂白の中力粉（強力粉と薄力粉を同量ずつ混ぜて代用可能）
  3/4 カップと大さじ2（約220ml）
- オーガニックきび砂糖　　　　　大さじ2
- ベーキングパウダー　　　　　　小さじ2
- 塩　　　　　　　　　　　　　小さじ1/2
- ショートニング　　大さじ2（冷やしておく）
- 無加糖の植物性ミルク（カシューナッツミルク（22ページ参照）や市販の豆乳，アーモンドミルクなど）　　　1/3カップ（80ml強）
- 桃（生または水気を切った缶詰の桃）
  500g（「おいしさのコツ」参照）
- ブラウンシュガー
  1/2カップ（125ml。計量カップに入れたら軽く押し入れて空気を抜き1/2カップをはかる）
- しぼりたてレモン汁　　　　　　大さじ1
- シナモンパウダー　　　　　　小さじ1/4
- ナツメグ（粉末）　　　　　　小さじ1/8
- ヴィーガンバター　　　　　　　大さじ2
- ココナッツホイップクリーム
  　　　　　　　　　　　適量（お好みで）
- ヴィーガンバニラアイスクリーム
  　　　　　　　　　　　適量（お好みで）

調理器具：容量1.5Lのグラタン皿，あればペストリーブレンダー

1. オーブンを180℃に予熱しておきます。

2. 大きなボウルに，粉，砂糖，ベーキングパウダー，塩を入れ，泡立て器で混ぜます。ショートニングを加え，ペストリーブレンダーか2本のナイフを使って粉の中で切り，小さなかたまりになるまで細かくします。ミルクを加え，混ぜ合わせます。

3. 中くらいのボウルに桃，ブラウンシュガー，レモン汁，シナモン，ナツメグを入れ，混ぜて全体にまぶします。グラタン皿に移し，豆粒くらいの大きさに切ったヴィーガンバターを全体に散らします。

4. 小さなスプーンを使い，2の生地を，3の桃が隠れるくらいまんべんなくふりかけます。

5. 予熱しておいたオーブンで40分間，表面がこんがりきつね色になるまで焼きます。竹串を中央にさしたときに，何もついてこなくなったら焼きあがりです。オーブンから出して10分間おいて粗熱をとります。温かいうちに，お好みでココナッツホイップクリームかヴィーガンアイスクリームを添えてどうぞ。

● いちごのビスケットサンド ●

本格派のビスケットサンドですが，とても簡単にできるので，難しそうと敬遠せずにぜひお試しください。しかも，新鮮な生のいちごと，いつもキッチンにある基本的な材料だけでつくれます。ビスケットは「私の定番ブレックファーストティービスケット」（68ページ）とほぼ同じレシピですが，ここではデザートなので少し甘さを足しています。

8人分 調理時間：30分

クラッシュいちご：
- 生のいちご　　　　　　750g（ヘタを取る）
- オーガニックきび砂糖　　　　　大さじ3

ビスケット：
- 無漂白の中力粉（強力粉と薄力粉を同量ずつ混ぜて代用可能）
　　　　　　　　1と1/2カップ（375ml）くらい
- オーガニックきび砂糖　　　　　大さじ1
- ベーキングパウダー　　　　　　小さじ2
- 塩　　　　　　　　　　　　　　小さじ1/4
- 無加糖の植物性ミルク（カシューナッツミルク（22ページ参照）や市販の豆乳，アーモンドミルクなど）　　　1/2カップ（125ml）

- ホワイトビネガー　　　　　　　小さじ2
- ヴィーガンバター
　　　　　　　大さじ3（冷たい状態で使う）
- ココナッツホイップクリーム
　　　　　　　　　　　　適量（お好みで）

調理器具：あればペストリーブレンダー，めん棒，ベーキングトレー，直径5cmの薄いふちのグラスまたはビスケット型

1. クラッシュいちごをつくります。大きなボウルにいちごを入れ，ポテトマッシャーかフォークで軽くつぶします。果汁が出て少し形が崩れたら，砂糖を加えて混ぜ合わせ，冷蔵庫に入れておきます。

2. ビスケットをつくります。まずオーブンを220℃に予熱しておきます。

3. 大きなボウルに，粉，ベーキングパウダー，砂糖，塩を入れ，泡立て器で混ぜ合わせます。

4. 計量カップまたは中くらいのボウルにミルクとビネガーを入れて混ぜ，5分間おいておきます。

（222ページに続きます）

5. **4**と同時に，**2**の粉類に冷たいバターを入れて，ナイフ2本かペストリーブレンダーを使い，バターを粉類の中で刻みます。**4**を大さじ6だけ加えて粉気がなくなるまで混ぜ，少しべたつくけれどもゆるすぎないくらいの生地にします。生地の状態は材料の温度や水分量によって左右されるので，必要であれば**4**をもっと足して調整します（不要な分は捨てます）。

6. 生地をボウルの中で3〜4回そっとこねて，ひとまとまりのボール状にします。少し粉をふった台やまな板の上に移し，めん棒で厚さ1cmの円形にのばします。グラスか型に小麦粉をまぶして，円形に型抜きします。このとき最後に少しひねるようにするときれいにできます。必要に応じてグラスのふちにさらに粉をまぶし，生地がくっつくのを防ぎながら生地をまとめて再度めん棒でのばし，同様に8個の型を抜きます。

7. **6**の生地を，ベーキングトレーにすきまをあけずにきっちりと2列に並べます。予熱しておいたオーブンで10分間，ふくらんで底がきつね色になるまで焼きます。オーブンから出して，トレーにのせたまま2分間おいて粗熱をとります。

8. ビスケットを上下半分に切ります。レードルを使い，クラッシュいちごを8枚のビスケットの下半分にのせます。お好みでココナッツホイップクリームもスプーンですくってのせます。ビスケットの上半分をのせたらできあがりです。

おいしさのコツ

　パーティーで出したい場合は，前日にビスケットを焼いておくこともできます。完全に冷ましてから密閉容器に入れて，常温で保存します。クラッシュいちごも前日に用意し，別の密閉容器に入れて冷蔵庫で保存しておけます。食べる直前にビスケットを電子レンジで少し温め，つくり方**8**の通りにサンドをつくります。

モカフロスティングをかけた
チョコレートとズッキーニのカップケーキ

普通よりも少しずっしり重めのカップケーキは，ディナーのデザートにふさわしい魅惑のおいしさです。しっとりとした食感と濃厚なチョコレート風味が堪能できて，なおかつズッキーニのおかげでヘルシー。ズッキーニの味はほとんど感じられません。コーヒーをたっぷり入れたモカフロスティングがぴったりです。

12個 調理時間：45分

カップケーキ：

- 中力粉（強力粉と薄力粉を同量ずつ混ぜて代用可能） 1と3/4カップ（約440ml）
- 無加糖のココアパウダー 大さじ4
  ベーキングパウダー 小さじ2
- 重曹 小さじ1
- オーガニックきび砂糖
  2/3カップ（約170ml）
- 無加糖の植物性ミルク（カシューナッツミルク（22ページ参照）や市販の豆乳，アーモンドミルクなど） 2/3カップ（約170ml）
- 植物油 1/3カップ（80ml強）
- ホワイトビネガー 小さじ2
- バニラエッセンス 小さじ1
- ズッキーニ（せん切り）
  1カップ（250ml。計量カップに入れたら軽く押し入れて空気を抜き1カップをはかる）

モカフロスティング：

- ヴィーガンバター 大さじ3（溶かす）
- 無加糖のココアパウダー 大さじ3
- 無加糖の植物性ミルク（カシューナッツミルク（22ページ参照）や市販の豆乳，アーモンドミルクなど） 大さじ2くらい
- バニラエッセンス 小さじ1/2
- 粉砂糖 3カップ（750ml）
- インスタントコーヒーの粉末 小さじ1/2

調理器具：紙のカップを敷いたマフィン用の型12個，あればハンドミキサー

1. カップケーキをつくります。まずオーブンを180℃に予熱しておきます。
2. 大きなボウルに，粉，ココアパウダー，ベーキングパウダー，重曹，砂糖を入れ，泡立て器で混ぜ合わせます。
3. 中くらいのボウルにミルク，油，バニラエッセンス，ズッキーニを入れて混ぜます。
4. 3を2の粉類に加え，ざっくりと混ぜ合わせます。

（225ページに続きます）

5. 紙を敷いておいたマフィン型に，スプーンで生地を3/4くらいまで入れます。予熱しておいたオーブンで18〜20分焼きます。竹串を中央にさしたときに，小さなかけらが少しだけついてくる状態になったら焼きあがりです。カップケーキをオーブンから出し，型に入れたまま5分間おいて粗熱をとり，型から出してから金網にのせ，完全に冷まします。

6. モカフロスティングをつくります。大きなボウルに，溶かしたヴィーガンバター，ココアパウダー，ミルク，バニラエッセンスを入れて混ぜ合わせます。

7. ハンドミキサーを使い，粉砂糖を1/2カップ（125ml）と，インスタントコーヒーを全量加え，1分間混ぜてなめらかにします。残りの粉砂糖は1/2カップ（125ml）ずつ加え，一度加えるごとに2分ほどなめらかになるまで混ぜます（泡立て器を使う場合は，一度に入れる粉砂糖の量を1/4カップ＝60ml強に減らします）。粉っぽい場合は，ミルクを小さじ1加えて調整します。ナイフを使ってカップケーキにフロスティングをかけたらできあがりです。

おいしさのコツ

フロスティングをかけたカップケーキは，密閉容器に入れて冷蔵庫で4日間保存できます。

● バニラ風味のバースデーカップケーキ ●

どんなスイーツでもカラースプレーをふりかけるだけで，一気にパーティー気分が盛り上がります。このバニラカップケーキは，誕生日などのお祝いごとにぴったり。油の量は控えめですが，アップルソースが入っているのでしっとりふわふわです。

12個 調理時間：35分

カップケーキ：

- 中力粉（強力粉と薄力粉を同量ずつ混ぜて代用可能）　　　　　　1と1/2カップ（375ml）
- オーガニックきび砂糖　　1カップ（250ml）
- ベーキングパウダー　　　　小さじ1と1/2
- 重曹　　　　　　　　　　　　　小さじ1/2
- 無加糖の植物性ミルク（カシューナッツミルク（22ページ参照）や市販の豆乳，アーモンドミルクなど）　　　　1カップ（250ml）
- ホワイトビネガー　　　　　　　　小さじ1
- 植物油　　　　　　　　　　　　　大さじ4
- 無加糖のアップルソース　　　　大さじ4
- バニラエッセンス　　　　　　　　小さじ1
- カラースプレー　1/4カップ（60ml強）くらい

バタークリームフロスティング：

- ヴィーガンバター　　3/4カップ（約190ml。やわらかくしておく）
- バニラエッセンス　　　　　　　　小さじ1
- 粉砂糖　　　　　2と1/2カップ（625ml）
- 無加糖の植物性ミルク（カシューナッツミルク（22ページ参照）や市販の豆乳，アーモンドミルクなど）　　　　　　　大さじ2

調理器具：紙のカップを敷いたマフィン用の型12個，ハンドミキサー

1. カップケーキをつくります。まずオーブンを180℃に予熱しておきます。

2. 大きなボウルに，粉，砂糖，ベーキングパウダー，重曹を入れ，泡立て器で混ぜ合わせます。

3. 中くらいのボウルにミルク，ビネガー，油，アップルソース，バニラエッセンスを入れて混ぜます。これを2の粉類に加え，ざっくりと混ぜ合わせます（混ぜすぎないように注意。少しくらいかたまりがあっても大丈夫です）。カラースプレーを加えてゴムベラで2，3回そっと混ぜ込みます。

（228ページに続きます）

4. 紙を敷いておいたマフィン型に，スプーンで生地を3/4くらいまで入れます。予熱しておいたオーブンで20～22分焼きます。表面を触ると少し硬く，竹串を中央にさしたときに，小さなかけらが少しだけついてくる状態になったら焼きあがりです。カップケーキをオーブンから出し，型に入れたまま5分間おいて粗熱をとり，型から出してから金網にのせて完全に冷まします。

5. バタークリームフロスティングをつくります。大きなボウルに，ヴィーガンバターとバニラエッセンスを入れ，ハンドミキサーで混ぜ合わせます。粉砂糖を1/2カップ（125ml）ずつ加え，一度加えるごとに2分ほど，完全に溶けるまで混ぜます。必要ならミルクを小さじ1ずつ加えて調整し，硬くなめらかな状態にします。

6. ナイフを使ってカップケーキにフロスティングをかけ，上にカラースプレーをふりかけたらできあがりです。

おいしさのコツ

フロスティングをかけたカップケーキは，密閉容器に入れて冷蔵庫で4日間保存できます。

● マーブルアイスファッジ ●

アイスファッジはあっという間に準備できて，あとは凍らせるだけ。オーブンで焼く手間もいらないデザートです。ココナッツオイルとナッツバターのおかげで，文字通り口の中でとろける食感がたまりません。パン屋さんで売られているファッジでヴィーガンレシピのものはほとんどないので，私はこれをよく家でつくります。

12個 調理時間：5分＋冷凍庫で凍らせるための4時間

- カシューバターまたはアーモンドバター（スムーズ）　　1と1/2カップ（375ml）
- ココナッツオイル　　　　　　　　大さじ6
- メープルシロップまたはアガベシロップ
　　　　　　　　　　　　　　　　　大さじ4

- 塩　　　　　　　　　　　　　小さじ1/2
- 無加糖のココアパウダー　　　　大さじ2

調理器具：クッキングシートを敷いた20cm角のローフパン

1. 大きなボウルに，カシューナッツバター，ココナッツオイル，メープルシロップ，塩を入れ，泡立て器で混ぜ合わせます。半量を中くらいのボウルに移し，ココアパウダーを加え，混ぜ合わせます。

2. 大きなボウルと中くらいのボウルの中身を1/4くらいずつ，ローフパンへ交互に流し入れます。ナイフで2色の中身を混ぜてマーブル模様をつくります。冷凍庫で4時間冷やします。クッキングシートを使って中身を取り出し，まな板の上で切ったらできあがり。切ったファッジは密閉容器に入れて，冷凍庫で1カ月保存できます。

謝辞

　大好きなヴィーガン料理をみなさんにご紹介するためのレシピ本を出すことは，まさに私の夢でした。たくさんのすばらしい方々が応援してくださったおかげで，今この夢を叶えることができました。

　まず，私の動画を一度でも見て，レシピを試し，コメントを寄せてくださったすべての方々に感謝します。みなさんの応援がなければ，本を出すなんてことはできませんでした。ここまでやってこられたのは，ファンの方たち一人ひとりが，温かいメッセージやヴィーガン料理についてのワクワクした気持ちをシェアしてくださったからこそ。すばらしいコミュニティーの仲間でいられることの幸運を，毎日メッセージを受け取るたびにかみしめています。

　ロバート・ローズ率いる制作チームに大きな感謝を捧げます。ロバート・ディーズ，ケリー・グローヴァー，マーティン・クイベルは，私を信頼し，この本の出版を実現させてくれました。多大な時間と労力を捧げてくださった恩は一生忘れません。さらに，レシピと文章の校正作業を担当してくれたジェニファー・マッケンジーとジリアン・ワッツに心から感謝します。

　才能に恵まれたクリエイティブなフォトグラファーのブリリン・ファーガソン，スタイリストのダラ・スーティンとレイナ・シュワルツ，デザイナーのマーゴー・ケーレスのおかげで，レシピを最高に美しく紹介することができました。どうもありがとう。

　お母さんとお父さんへ。今日の私があるのは，ふたりのおかげです。心から愛しています。いつも顔が痛くなるくらい笑わせてくれるブリジェットにもありがとう。あなたと姉妹でいられて，最高に幸せです。

　親友のハンナ，エマ，ケイトリン，ありがとう。私と同じくらいヴィーガン料理が好きで，いつでも新しいレシピを喜んで試食してくれました。ちょっと一休みしたいとき，呼べばいつでもブランチに来てくれることにも感謝しています。

　この本の出版を実現させてくれたすべての方々に，心からありがとうと言いたいです。本当に，すべてはみなさんのおかげです。

■ 著者

オリヴィア・ビアマン／Olivia Biermann

1994年生まれ。カナダのノバスコシア州ハリファックス在住。大学生時代, 乳糖不耐症と診断されたことをきっかけに, 乳製品や肉類, 魚類の摂取を徐々にやめ, ヴィーガンに転向。自身の健康や食生活について研究を始める。2015年, 料理ブログ「Liv's Healthy Life (リヴのヘルシーライフ)」とYouTubeチャンネル「Olivia」を立ち上げ, 簡単に手に入る安価な食材を使用したシンプルでおいしい植物ベースのレシピを公開し, たちまち人気YouTuberとなる。2021年現在のチャンネル名は「Liv B」で, 登録者数は60万人以上にのぼる。

■ 監訳者

藤井恵子／ふじい・けいこ

日本女子大学大学院修了。博士 (農学)・管理栄養士。日本女子大学教授。専門は調理科学。「安心で安定した食の提供」, 「健康志向型の食生活」, 「資源循環型の食生活」を目指し, 雑穀の利用法に関する研究と米粉を利用したアレルギー対応食品の開発に関する研究を行っている。日本調理科学会監事, 日本家政学会理事, 日本官能評価学会常任理事など歴任。『映像で学ぶ 調理の基礎とサイエンス』(学際企画) など調理科学, 調理学関連の著書多数。

■ 訳者

清水玲奈／しみず・れいな

ジャーナリスト・翻訳家。東京大学大学院修士課程修了 (表象文化論)。1996年渡英, パリ暮らしを経て現在ロンドン在住。飲食関連の訳書に『食の科学 〜美食を求める人類の旅〜』(ニュートンプレス), 『自然派ワイン入門』『世界が認めた日本のウイスキー』『世界の作りおき野菜 みんなに愛される味付けの魔法』(いずれもエクスナレッジ) などがある。

LIV B's VEGAN ON A BUDGET

超お手軽
ヴィーガン料理
手間もお金もかからないレシピ
112
112 Inspired & Effortless Plant Based Recipes

2021年9月15日発行

著者	オリヴィア・ビアマン
監訳者	藤井恵子
訳者	清水玲奈
翻訳協力	Butterfly Brand Consulting
編集	道地恵介, 杉浦映子
表紙デザイン	岩本陽一
発行者	高森康雄
発行所	株式会社 ニュートンプレス
	〒112-0012 東京都文京区大塚 3-11-6
	https://www.newtonpress.co.jp

© Newton Press 2021　Printed in Korea
ISBN　978-4-315-52446-8